反恐知识手册

王顺安 / 著

海豚出版社
DOLPHIN BOOKS
CICG 中国国际传播集团

图书在版编目（CIP）数据

反恐知识手册 / 王顺安著 . -- 北京 : 海豚出版社，2022.12

ISBN 978-7-5110-6169-0

Ⅰ . ①反… Ⅱ . ①王… Ⅲ . ①反恐怖活动 – 安全教育 – 手册 Ⅳ . ① D815.5-62

中国版本图书馆 CIP 数据核字（2022）第 208400 号

反恐知识手册
王顺安　**著**

出 版 人　王　磊
责任编辑　张　镛
封面设计　何洁薇
责任印制　于浩杰　蔡　丽
法律顾问　中咨律师事务所　殷斌律师
出　　版　海豚出版社
地　　址　北京市西城区百万庄大街 24 号
邮　　编　100037
电　　话　010-68325006（销售）　010-68996147（总编室）
印　　刷　艺通印刷（天津）有限公司
经　　销　新华书店及网络书店
开　　本　710mm × 1000mm　1/16
印　　张　9.5
字　　数　82 千字
印　　数　5000
版　　次　2022 年 12 月第 1 版　2022 年 12 月第 1 次印刷
标准书号　ISBN 978-7-5110-6169-0
定　　价　39.80 元

序言/preface

近年来，国际形势风云突变，地区安全问题日益凸显，“反恐”这个词也频频出现在普通群众的视野中。

反恐，即反恐怖主义，意思是反对和打击恐怖主义与极端主义的行为。

恐怖主义严重威胁着人民群众的人身安全与财产安全，也严重挑战了现有的社会秩序与人类文明。在恐怖主义的威胁下，没人能真正做到置身事外。在我国，不管是组织、机构，还是公民，都有责任和义务主动参与到反恐行动中来。

反恐的目的是维护和平、保护人民。反恐是与每位公民都切身相关的战争，所以又被称作一场绝对不能输掉的战争。

加强反恐安全知识宣传，有利于维护各民族团结和社会稳定；加强反恐安全知识宣传，有利于维护国家安全与国土安全；加强反恐安全知识宣传，有利于保障人民群众的人身安全与财产安全；加强反恐安全知识宣传，有利于我国经济的平稳发展；加强反恐安全知识宣传，有利于我国国民增强自信心与安全感；加强反恐安全知识宣传，有利于巩固我国在国际上的地位和我国的国际战略环境。

反恐行动，势在必行。为了让人们掌握反恐安全知识，我们特地编写了《反恐知识手册》一书。在这本书中，我们解读了恐怖主义的定义、根源与发展，指出了恐怖主义活动的危害，还介绍了反恐活动的行动预案、安全措施、情报搜集、社会行动等流程，以及如何进行网络反恐和如何依照法律法规进行反恐。

本书用通俗易懂的语言来帮助读者更好地理解恐怖主义与反恐活动，同时配以大量法律条例与反恐安全常识，让读者能从本书中获得与反恐相关的法律与知识。

预防并遏制恐怖主义与恐怖活动是每个国家和地区的重要课题。当前，恐怖主义依然对我国构成威胁，而且国际反恐形势也不容乐观。为此，我们应该学习反恐的相关知识，切实维护国家安全和个人安全。

目 录 /contents

第一章　认清罪恶的恐怖主义

第二章　构建体系，我国反恐社会体系的完善

第五章　情报搜集，让恐怖主义无处遁形

第六章　社会行动，公民在反恐行动中的角色

第七章　网络反恐，打好这场没有硝烟的战争

第八章　依法严惩，对恐怖主义要“斩草除根”

第一章
认清罪恶的恐怖主义

第一节 如何定义恐怖主义

恐怖主义的问题由来已久，发展到现在已经成为世界各国共同面对的现实威胁。可以说，恐怖主义是人类的公敌，反对恐怖主义，是各国共同的责任。

中华人民共和国第十一届全国人民代表大会常务委员会第二十三次会议通过的《全国人民代表大会常务委员会关于加强反恐怖工作有关问题的决定》中，规定恐怖活动是“以制造社会恐慌、危害公共安全或者胁迫国家机关、国际组织为目的，采取暴力、破坏、恐吓等手段，造成或者意图造成人员伤亡、重大财产损失、公共设施损坏、社会秩序混乱等严重社会危害的行为，以及煽动、资助或者以其他方式协助实施上述活动的行为”。

在《中华人民共和国反恐怖主义法》（以下简称《反恐怖主义法》）中，我国将恐怖主义定义为“通过暴力、破坏、恐吓等手段，制造社会恐慌、危害公共安全、侵犯人身财产，或者胁迫国家机关、国际组织，以实现其政治、意识形态等目的的主张和行为”。

既然恐怖活动是恐怖主义性质的行为，那么它具体包括哪些内容呢？《反恐怖主义法》第一章第三条规定，恐怖主义性质的行为如下。

（一）组织、策划、准备实施、实施造成或者意图造成人员伤亡、重大财产损失、公共设施损坏、社会秩

序混乱等严重社会危害的活动的；

（二）宣扬恐怖主义，煽动实施恐怖活动，或者非法持有宣扬恐怖主义的物品，强制他人在公共场所穿戴宣扬恐怖主义的服饰、标志的；

（三）组织、领导、参加恐怖活动组织的；

（四）为恐怖活动组织、恐怖活动人员、实施恐怖活动或者恐怖活动培训提供信息、资金、物资、劳务、技术、场所等支持、协助、便利的；

（五）其他恐怖活动。

那么，什么是恐怖活动组织呢？

《反恐怖主义法》中规定的恐怖活动组织，是指三人以上为实施恐怖活动而组成的犯罪组织。

恐怖活动组织作为恐怖活动的实施主体，有其特定的政治目标和政治诉求，其与那些以经济利益为首要目标的黑社会性质组织有着明显区别。从这种意义上来说，恐怖活动组织其实是一个政治组织，恐怖活动人员多具有反社会、反人类的性格缺陷。他们所做的事具有较强的伤害性，是危害社会安全的典型。例如，在19世纪，埃米尔·亨利制造的巴黎咖啡馆爆炸事件，造成了许多无辜民众的死伤；21世纪初的“9·11”恐怖袭击事件，夺走了无数普通民众的生命。

近年来，科学技术不断发展，这为各国打击恐怖主义提供了一定的助力，但也让恐怖主义活动变得更为复杂、更加多样。

关于反恐这件事，各国要做的、能做的事情，还有很多。而作为一个普通公民，我们只有掌握更多反恐的基本知识和法律知识，学会识别和应对恐怖主义，才能更好地保护自己的安全。

第二节 恐怖主义的源头和发展

近现代恐怖主义是西方国家的产物，若想消除恐怖主义带来的威胁，人们就要先搞清楚恐怖主义的源头和发展。而且，西方国家要严格反思自己，解决自身的问题。

如今，恐怖主义已成为全球性威胁，恐怖分子以残暴的手段，无差别地对待普通群众。在恐怖主义肆虐的同时，人们必然要讨论一个问题，那就是恐怖主义的源头在哪里？

早在本·拉登成为全球通缉犯的时候，大部分西方媒体、学者和政治家就指出恐怖主义与伊斯兰原教旨主义有密切关系。

经过西方媒体的大肆渲染，似乎伊斯兰原教旨主义是恐怖主义的温床这种观点已经板上钉钉了，然而这种说法令人质疑。

“原教旨主义”这个词，最早出现于美国基督教的新教中。当时，美国基督教原教旨主义理论主要是反对现代主义、自由主义和世俗主义。这种宗教情绪很快影响了其他宗教，伊斯兰原教旨主义也随之产生。因此，伊斯兰原教旨主义的源头实际上来自西方社会。

如果西方国家把恐怖主义与伊斯兰原教旨主义挂钩，也就等同于承认了这样一个事实：恐怖主义源自西方文明内部。而且西方国家同样有其他恐怖组织，比如，爱尔兰共和军就曾被部分国家视为恐怖组织。因此，伊斯兰原教旨主义是恐怖主义的温床这一说法并不准确。

当代恐怖主义的本质就是传统地缘政治、经济社会发展、宗教文化三大问题的相互交织。那么，恐怖主义的发展趋势是什么呢?

在不同的历史时期，恐怖主义的活动手段与袭击类型是不一样的，这与当时的科技水平及社会形态密切相关。

目前，恐怖主义的发展趋势呈网络化、全球化和分散化，并且，恐怖组织也变得小型化、分散化和草根化。如今，网络恐怖主义已经开始从概念转变为现实，恐怖组织与跨国犯罪组织的关系，也逐渐变得多元和复杂。

从世界范围来看，进入 21 世纪后，2006 年到 2008

年是世界恐怖活动的高峰期。自 2008 年以来，世界范围内的恐怖主义便出现了缓和迹象。但是，在部分热点地区和国家，恐怖活动反而呈恶化趋势。

随着人们反恐意识的增强，世界恐怖主义形式也发生了重大变化。近年来面临的最主要的恐怖威胁不是大规模、高度协调的“9·11”式的袭击，而是个人的“独狼行动”。近些年，互联网的迅猛发展为人们提供了快捷便利的信息传递方式，同时也为恐怖组织传播极端思想提供了绝佳的沟通与宣传渠道。恐怖组织不再非要劳力费神且冒着极高的风险建立基地以“面授”激进思想和恐怖袭击技巧，只需要在网络上进行相关活动即可。其中，很多“独狼”恐怖分子就是通过网络了解恐怖主义，并被恐怖组织煽动发动暴力恐怖袭击的。

近年来，“独狼式”恐怖袭击逐渐成为全球范围内普遍的、破坏力极强的恐怖袭击，传统的大规模反恐战争对它是无效的。“独狼式”的恐怖袭击者平时和常人是无异的，他们不按常规手段行事，可以在任何时候、任何地点，使用令人意想不到的暴力手段向社会发起恐怖袭击。

但从总体来看，除了部分热点地区和国家以外，其他地区和国家的安全形势还是比较好的。但是，我们要明确这样一点：这些安全都是以高昂的反恐投入为前提的。

在意识形态的冲击下，恐怖组织不断发明新的恐怖活动手段，这也要求国际社会需要更加重视恐怖主义的威胁。2022 年伊始，毗邻我国西北地区的哈萨克斯坦发生大规模的武装叛乱和恐怖袭击，这值得我国高度警惕与重视。

预防并遏制恐怖主义与恐怖行为是每个国家和地区的重要课题，反对恐怖主义也是每个公民的责任和义务。虽然人们的反恐意识已经逐渐加强，但反恐工作依然任重道远。

第三节 恐怖主义对我国的危害

恐怖主义犯罪是威胁我国社会安全的重要因素之一，恐怖主义犯罪不仅破坏我国的法制，而且直接挑战了我国的国家主权，是一种不可饶恕的犯罪行为。

我国是联合国安全理事会（以下简称“联合国安理会”）的常任理事国之一，是世界上人口最多的发展中国家，也是世界第二大经济体。作为世界的重要构成部分，我国也成为恐怖主义的目标之一。

目前，我国面临的恐怖主义威胁有国际恐怖组织、境内外“东突”恐怖势力、“藏独”恐怖势力和邪教恐怖势力等。这些恐怖组织与势力，严重威胁着我国的国土安全、国民安全和经济安全。

首先，恐怖主义对我国国土安全造成了威胁。

恐怖组织借助国外反华势力，对我国边境地区的安全造成了严重影响。其中，最猖獗的当数“东突”势力。

20 世纪 90 年代，“东突”分裂势力的总头目莫哈里索夫就公开表示，要让新疆问题国际化。并且“东突”恐怖势力大规模勾结国外反华势力，对我国国土安全造成了严重威胁。

其次，恐怖主义对我国国民安全造成了威胁。

近年来，恐怖势力活动愈加猖獗，这些恐怖事件不仅给人民群众带来了巨大威胁，而且也对社会造成了十分恶劣的影响。

最后，恐怖主义给我国造成了巨大经济损失。

从经济全球化的角度来分析，恐怖主义势必会影响我国经济的发展。比如恐怖主义袭击事件的破坏性与杀伤性，会给我国直接造成巨大经济损失。而且，恐怖主义袭击事件的出现，会促使我国政府加大安全保障方面的财政支出。这种非生产性的支出增加，会造成生产性支出的相对减少，从而影响我国的经济发展。

除上述威胁，恐怖主义还会严重破坏我国各民族之间的和睦，引发社会动荡。而且，恐怖袭击活动还极大阻碍了我国的社会进步，抹黑了我国的国际形象。

总之，我国目前面临的恐怖主义形势是十分复杂的。在这样的形势下，我国的反恐行动任重道远。

第四节　新形势下，我国的反恐行动

恐怖主义是人类的公敌。作为积极探索反恐新路子的国家，中国将努力消除恐怖主义的根源，向世界宣示中国打击恐怖主义的决心和信心。

自美国的“9·11事件”以来，世界各国都开始重视反恐这件事。尤其是我国，更是本着防患于未然的原则，开始进行大规模的反恐演习。

当然，中国不仅自己进行反恐演习，而且还联合其他国家举行了不同规模、不同形式的反恐演习，这也表明了我国坚决反对恐怖主义的态度与立场。

比如，2004年8月6日，中国人民解放军就与巴基斯坦武装部队在帕米尔高原中巴边境地区举行了联合演习。此次反恐演习的目的是提高双方的联合反恐作战能力，遏制和打击暴力恐怖势力、民族分裂势力和宗教极端势力这三股势力，维护地区安全与稳定。

我国一向反对任何形式的恐怖主义，而且希望彻底铲除恐怖主义。我国一直秉承以下五点来从事反恐活动。

第一，加强国家和地区之间的反恐合作，学习彼此的反恐方式与演习内容。

第二，进一步完善我国的反恐立法，让国内的恐怖分子无处遁逃。

第三，重点加强城市的反恐意识，提高人民群众的反恐、防恐意识与知识。

第四，从源头治理，重点加强国内热点地区的控制与防范。

第五，保护正常的宗教活动，妥善处理宗教关系。

随着国内反恐演习规模的加大、次数的增多，有人开始担心这种反恐演习会引起群众的恐慌。相关专家学者认为，反恐演习不但不会引起人民群众的恐慌，反而会提高人民群众对反恐这件事的心理承受能力，从而更坚定人们的反恐信心与反恐决心。

而且，反恐活动与宣传能提高基层群众的反恐意识，让人们了解反恐和预防恐怖事件的重要性。这样一来，人们才能够在发生恐怖事件时，做到不慌不乱、不惊不忙，尽可能地减少损失。

现如今，越来越多的国人开始意识到，恐怖主义的威胁并不是与中国无关、与自己无关的，每个人都需要关注反恐问题。反恐这件事，需要我们所有公民齐心协力。

目前，我国正从机制、体系、人力、物力、财力等各个层面增强反恐实力。打击与消灭恐怖势力，中国势在必行！

第五节 国际间的反恐行动合作

反恐是全球所有国家和地区需要共同面对的重大问题。作为联合国安理会常任理事国和一个人口最多的、负责任的国际社会成员，中国有这个能力，也有这个意愿，与其他国家共同打击恐怖主义。

以 2015 年 11 月为例，11 月 13 日，巴黎发生了造成数百人伤亡的连环恐怖袭击事件；11 月 17 日，俄罗斯证实，其 10 月在埃及坠毁的客机系恐怖分子所为；11 月 19 日，中国人质与挪威人质遭到 IS 组织的残忍杀害；11 月 20 日，马里首都巴马科发生了恐怖分子劫持并杀害人质事件。

这一系列骇人听闻的恐怖袭击事件，说明了同一个问题，即恐怖主义已经变成全球最大的安全威胁之一。这种强烈的威胁感，也迫使国际社会加强了反恐合作。

正如俄罗斯科学院世界经济与国际关系研究所高级研究员弗拉基米尔·叶夫谢耶夫说的那样："在这个世

界上，没有任何一个国家或地区，能真正摆脱恐怖主义的侵袭。所以，这就促使各国安全机构进行合作。”

如今，恐怖主义势力已经形成区域化、全球化发展模式。因此，各个国家和地区的反恐活动，也必须同其他国家联合起来进行。只有国际社会共同努力，才能真正解决恐怖主义带来的一系列问题。

事实上，国际社会虽然已经意识到加强国际反恐行动合作的必要性，但由于各个国家与地区的文化差异，国际反恐联盟仍然处于一个相对松散的状态。所以，加强国际间反恐行动合作的当务之急，就是要尊重彼此的民族文化、宗教信仰及生活习俗，严格防范极端思想在国际反恐联盟中滋生。

要明确的是，反恐活动并不是针对某一个特定的族群、信仰、地域或社会阶层的武器，而是为了保证每个人的人身安全与财产安全而进行的一系列活动。因此，国际反恐联盟若想加强彼此合作，就要保证思想的基本统一，这样才有合作的意义与价值。

国际反恐联盟能够建立反恐的基本共识，承担反恐的历史和现实责任，革除反恐合作机制的弊端，就是对恐怖主义最强有力的打击。

在反恐行动中，没有国家可以独善其身。中国是恐怖主义的受害者，曾切身感受恐怖主义势力给我们国家的和平和安宁带来的巨大威胁。因此，参与国际间的反恐行动合作，中国义不容辞。

中共中央总书记、国家主席习近平十分重视反恐工作及国际合作，早在2014年5月28日至29日于北京举行的第二次中央新疆工作座谈会上就明确指出："要并行推进国内国际两条战线，强化国际反恐合作。"

2015年，法国巴黎发生系列恐怖事件之后，习近平主席在二十国集团安塔利亚峰会上表示："中国坚决反对一切形式的恐怖主义，恐怖主义是人类的公敌，是全球性挑战，需要国际社会携手应对。我们应该加强联合国在国际反恐行动中的协调作用，形成反恐合力。"

2016年4月1日于华盛顿举办的第四届核安全峰会上，出席大会的习近平主席又发出呼吁："恐怖主义是人类公敌。各国要根据安理会决议，协同好国际、地区和国内层面的行动，加强合作，坚决遏制恐怖势力蔓延的势头。……无论恐怖活动打着什么旗号、针对哪个国家、采取何种手段，都要坚决予以打击。"

2017年7月7日，习近平主席在德国汉堡举行的二十国集团峰会上再次强调，中国主张建立全球反恐统一战线，消除恐怖主义滋生的根源……中国是恐怖主义的受害国，身处国际反恐斗争前沿，中国将积极参与国际反恐合作，并向其他国家加强反恐能力建设提供支持，共同为各国人民撑起安全伞。

第二章
构建体系，我国反恐社会体系的完善

第一节 完善立法，我国的反恐立法进程

近年来，为了更好地应对国际、国内反恐形势，我国的反恐立法工作也在逐步向前推进，从恐怖组织首次入刑，规定了“组织、领导、参加恐怖组织罪”，到出台专门的反恐怖主义综合性基本法，我国的反恐法律体系正在逐步完善。

1997年3月14日，全面修订的《中华人民共和国刑法》（以下简称《刑法》）正式颁布，这部法律共包括452条条文，412个罪名，其中新设置的罪名共164个。而在这164个新罪名中，“组织、领导、参加恐怖组织罪”的出现，被看作是我国反恐立法的开端。

2001年美国“9·11事件”发生后，世界各国都迅速加快了反恐立法的进程。我国也在当年的12月29日，对《刑法》进行修正，将组织、领导恐怖活动组织罪的刑罚，提高到了“十年以上有期徒刑或者无期徒刑”；同时还增加了“资助恐怖活动罪”，并将恐怖活动犯罪

增列为洗钱罪的上游犯罪。可以说，在这一阶段，我国根据新形势对原有的反恐法规进行了补充和完善，但还没有出现专门针对恐怖组织活动的法律。

2011 年 10 月 29 日，在经历了十年的探索与积累后，第十一届全国人民代表大会常务委员会第二十三次会议表决通过了《全国人民代表大会常务委员会关于加强反恐怖工作有关问题的决定》（以下简称《决定》）。这是我国第一个专门针对反恐工作出台的法律文件，是我国在反恐立法进程中迈出的重要一步。

这一《决定》对恐怖活动、恐怖活动组织和恐怖活动人员作出了界定，为我国各有关部门开展反恐活动，提供了重要的法律支持。在这之后，我国反恐立法进程明显提速，不到五年时间就完成了针对反恐怖主义的专门性立法工作。

2014 年，我国境内发生了多起恐怖袭击事件，人民群众的生命财产安全受到了严重威胁。在这样的现实背景下，出台一部专门用来规范反恐工作的法律，已经成为我国司法部门的首要工作。

2014 年 10 月 27 日，在一番筹备后，《中华人民共和国反恐怖主义法（草案）》顺利通过了第十二届全国人民代表大会常务委员会第十一次会议的初次审议；2015 年 2 月 25 日，该草案顺利完成了第二次审议；最终《中华人民共和国反恐怖主义法》在 2015 年 12 月 27 日召开的中华人民共和国第十二届全国人民代表大会常务委员会第十八次会议上顺利通过，并于 2016 年 1 月 1 日起正式施行。

作为我国首部反恐专门法律，《反恐怖主义法》根据恐怖主义活动的特点，以及我国的反恐斗争需要，从多个方面对恐怖主义、恐怖组织活动的认定，进行了系统和规范的说明，让我国的反恐工作有法可依。

这部法律的出台，不仅彰显了我国依法反恐的坚定决心，更反映出我国政府保障人民群众生命财产安全、维护国家安全与稳定的坚定意志。

第二节　制度建设，梳理我国反恐行动体系

面对恐怖主义的威胁，只有建立起架构完善的制度体系，才能从总体上管控、遏制恐怖主义，维护国家的稳定与人民的生命财产安全。

面对境内及境外安全形势的变化，我国出台了专门针对恐怖主义的法律法规，为有关部门开展反恐工作提供了法律依据。各项法律法规的颁布实施，标志着我国的反恐工作格局更加科学规范，同时也标志着我国的反恐斗争进入了有法可依的新阶段。

2001 年 10 月，国家反恐怖工作协调小组成立，专门负责应对各类恐怖袭击事件；2002 年 2 月，公安部成立反恐怖局，主要负责研究、规划、指导全国反恐工作。与此同时，一些地方也设立了相应机构，履行相应的反恐职能。

2013 年 4 月，国家反恐怖工作协调小组正式更名为“国家反恐怖工作领导小组”。这一转变的核心在于增

强国家反恐工作小组的统筹领导职能，提升其具体的职责范围。在国家反恐怖工作领导小组中，外交、公安、安全、武警等专业反恐职能和统筹部门发挥主要作用，而交通、民政、卫生等部门起辅助性作用。

党的十八大以来，习近平总书记统筹国际国内两个大局，针对安全与发展问题多次发表重要讲话。对于反恐工作，习近平总书记指出："要建立健全反恐工作格局，完善反恐工作体系，加强反恐力量建设。"

想要做好反恐工作，就要建立起完善的制度体系，做好严格的安全防范，让恐怖活动组织及其人员难以获得可乘之机。为此，在国家反恐怖工作领导小组的

统筹领导下，全国各地方有关部门主要开展了以下几方面工作。

首先，落实反恐工作责任制，让反恐工作规范化、制度化、标准化。通过明确反恐工作在各方面的要求，开展涉恐隐患排查整治工作，最大限度地遏制恐怖活动的发生。

其次，推进反恐应急力量体系建设，提高指挥、机动、保障等各项能力。当前，我国很多地区都建立了公安特警、消防和武警等在内的应急处置力量体系。

再次，完善处置恐怖袭击事件预案体系。国家反恐怖工作领导小组办公室（以下简称“反恐办”）相继制定了多种恐怖袭击事件处置预案，全国各地区也多次组织大规模的反恐演习活动。

最后，严厉打击恐怖活动犯罪。自 2014 年以来，我国组织开展了多次针对暴力恐怖活动的专项行动，摧毁了许多处于预谋阶段的暴力恐怖活动。

近年来，公安部坚决贯彻落实习近平总书记的重要指示精神，充分发挥公安部作为国家反恐怖工作领导小组办公室的职能作用，统筹协调外交、国家安全、网信、金融等部门，深入推进各项反恐工作，取得了显著成效。我国的反恐形势已经总体平稳，国内多年未发生恐怖袭击事件。

第三节 加强行动，反恐力量建设势在必行

面对不断变化的境内、境外安全形势，我国想要从根本上遏制住暴力恐怖活动，就要建立起相应的反恐力量体系，及早将暴力恐怖组织摧毁在萌芽状态。

20 世纪 90 年代初，我国部分地区恐怖主义问题较为突出。国务院新闻办公室发布的《“东突”恐怖势力难脱罪责》一文指出，1990 年到 2001 年，境内外“东突”势力在我国新疆地区制造了 200 多起恐怖袭击事件，造成了数百人伤亡的严重后果。

在当时，我国还没有专门应对恐怖主义的反恐力量和行动体系，大多数基层公安特警也缺乏必要的应对恐怖袭击的专业技能。

面对新形势的要求，在国家反恐怖工作领导小组的领导下，我国各地区有关部门纷纷展开行动，大力加强反恐力量建设，不少特警部队开始成为反恐工作的中坚力量。武警上海总队反恐怖特种作战中队，是我国第一支以“反恐”命名的特警部队。这支在“9·11 事件”发生 4 个月后便成立的特种部队，受到了外界的广泛关注。可以说，这支反恐怖特种部队的出现，为我国反恐力量建设开了个好头。

根据相关法律，我国反恐力量主要是由军队、武警部队、民兵组织构成的武装力量，以及各级公安机关共同组成。这四支力量的合理调配和应用，能够使我国反恐力量体系的整体能力得到最大限度发挥。

军队在反恐工作中的作用是战略性应对。这支力量参与到反恐工作中，既是其守卫国家安全的使命决定，也是打击恐怖活动的必然要求。近年来，恐怖组织正变得越来越集团化、基地化和高科技化，其武装程度与以前相比，有了很大程度的强化。单纯依靠公安机关的力量，并不足以应对这些非常规的恐怖组织。基于此，才需要军队参与到打击恐怖主义势力的工作中来。

武警部队在反恐工作中的作用是应急处置。这支力量是我国反恐工作的中坚力量，我国在《反恐怖主义法》

中对武警部队执行反恐任务作出了明确规定。近年来，我国武警部队反恐力量体系建设成效显著，在处置大规模复杂恐怖事件上发挥了至关重要的作用。

公安干警在反恐工作中的作用是常态应对。这支力量在我国反恐工作中发挥着首要的、基础性的作用，在日常防范、专项打击、集中整治和善后救治方面发挥着常态应对作用。在应对那些突发的、规模较小的恐怖活动时，公安干警都可以出色完成相应工作，将恐怖活动对社会的危害降至最低。

民兵组织在反恐工作中的作用是协同辅助。这支力量不仅能够辅助军队、武警、公安力量共同打击恐怖势力，同时还能动员群众，使恐怖组织成员陷入空前孤立的境地。作为连接正规军事力量和人民群众的纽带，民兵组织是开展全民反恐的重要力量。

为了更好地应对国内外安全形势的变化，我国正在逐步完善反恐军事力量体系，这将为我国反恐斗争取得胜利提供强大的武装力量的保障。

第四节　增强意识，社会反恐意识亟待加强

全民反恐要求专业的反恐力量与全民反恐相结合，共同应对恐怖主义的威胁，维护国家和人民生活的安全与稳定。

在谈及反恐斗争工作时，习近平总书记曾指出："要坚持专群结合、依靠群众，深入开展各种形式的群防群治活动，筑起铜墙铁壁，使暴力恐怖分子成为'过街老鼠、人人喊打'。"习近平总书记在讲话中提到的专群结合、依靠群众及群防群治活动，就是全民反恐。

在反恐斗争工作中，民众既是恐怖活动的主要受害者，又是反恐工作的主要依托力量。由于恐怖活动具有隐蔽性、不确定性和突发性等特征，专业的反恐职能部门很难在第一时间全面遏制恐怖活动的发展，所以需要广大人民群众增强反恐意识，自觉加入全民反恐工作中去。

当前，得益于各反恐职能部门的出色工作，我国近

几年来较少出现恐怖袭击活动，社会整体呈现出一幅安定和谐的局面。但很少发生恐怖袭击活动，并不意味着我国当前已经不再面临恐怖主义的威胁，越是在安定和谐的时代，越是要居安思危，广大人民群众不能因为当下的社会安定和谐，从而降低反恐意识。

民众反恐意识的增强，需要我国各有关部门加大对反恐防暴知识的宣传力度。各地区有关部门可以通过发放宣传手册、宣传单，悬挂宣传标语等方式，让民众认

识到反恐工作的重要性，提高民众辨识恐怖活动的能力，引导民众积极地参与到群防群治的反恐斗争工作之中。

除此之外，各地区职能部门还可以安排专业工作人员和志愿者到群众之中，发放反恐防暴宣传手册，传授反恐防暴技巧，让民众在情报搜集、情报甄别和情报反馈工作上，成为职能部门的有力依靠，有效营造群防群治、联动反恐的良好氛围。

除了宣传引导，各地区有关部门还需要对群众关心的近期发生在国内外的各类暴力恐怖袭击事件进行答疑解惑，让民众认识到这类恐怖事件可能造成的危害，切实提高其安全防范意识。

只有在全国范围内形成群防群治反恐防暴的舆论氛围，有关部门在开展反恐工作时，才会更有针对性。在反恐斗争工作中，民众就像是一束束探照灯，会将那些隐藏在阴暗角落的恐怖活动都照出来，为职能部门提供强有力的支持。

第五节 提升能力，练就强大的反恐能力

民众参与到反恐斗争工作之中，不仅要增强自身的反恐意识，还需要练就强大的反恐能力，只有这样才能减少恐怖活动对自身造成的不利影响，并及时将恐怖活动扼杀在萌芽之中。

全民反恐在各个国家的反恐斗争工作中，都是一项重要内容。不过，不同于西方国家职能部门与商业机构或其他群体合作，获取有关恐怖活动的信息，我国的全民反恐所覆盖的范围更广泛一些。

我国的社区文化较为浓厚，社区中的年长者对于本社区的人员情况和生活习惯了解得较为全面，这些人对异常情况的敏感度要比其他人更高，在维护社区安全稳定方面常常发挥着重要作用。在我国的全民反恐工作中，这一群体在反恐情报搜集、情报传递等方面发挥着重要的作用。

除了这一群体，广大的社区居民也应成为全民反恐

的重要参与者，在平时就要有较强的反恐意识，并着重培养自己的反恐能力。

一般来说，我国的全民反恐有两个方面的重要内容：一是在遇到可疑情况时要及时报告；二是要增强自己的安全意识，在遇到恐怖袭击时，能最大限度地保障自己的生命安全。

第一方面的内容，主要是防患于未然，将恐怖活动扼杀在萌芽之中。很多时候，恐怖分子就潜藏在广大人民群众之中，他们通常会利用各种身份做掩护，谋划并执行各类恐怖活动。广大人民群众与他们距离最近，也最容易发现他们生活中不寻常的地方，一旦发觉有

疑似的恐怖活动情况，就要及时报告社区或是有关部门，防止危害社会安全的恐怖活动发生。

第二方面的内容，主要是增强自身的安全意识和自救能力。具体来说，在遇到突发的恐怖袭击时，广大人民群众要迅速撤离；如不能撤离，应选择能挡住自己的掩蔽物或用其他方式保护自己。这样既可以避免自己被卷入袭击事件中，同时也可以避免影响专业反恐力量的应急处置工作。

需要注意的是，无论是哪个国家，全民反恐都不提倡广大人民群众去主动发现恐怖分子，并主动与恐怖分子进行争斗。广大人民群众只要做好可疑情况的汇报工作，增强自己的安全意识，掌握一些必要的自救急救知识，能够在恐怖袭击中保障自身安全，并为专业反恐力量提供一些帮助就可以了。

第三章

制定预案，应对恐怖主义的行动方法

第一节 反恐应急预案，要做到有备无患

建立反恐应急预案，要做到有备无患，最大限度地降低突发恐怖活动对地区和人民造成的破坏性影响。

《反恐怖主义法》规定，重点目标的管理单位应当制定防范和应对处置恐怖活动的预案和措施，定期进行培训和演练。

这里所说的重点目标主要是那些遭受恐怖袭击的可能性较大以及遭受恐怖袭击可能造成重大人身伤亡、财产损失或者社会影响的单位、场所、活动、设施等。这些重点目标的管理单位，需要在公安机关的帮助下，制定和完善反恐应急预案并定期进行培训和演练；定期向公安机关和有关部门报告防范措施落实情况。

近年来，针对恐怖主义活动的新变化，我国的一些重点城市纷纷建立了反恐应急预案。很多时候，恐怖分子是难以从外观上快速辨识的，一些人拿起武器便是恐

怖分子，放下武器又混迹于普通群众之中。这是世界各国在反恐工作中需要面对的问题。解决这种问题正是各城市、各部门、各重点目标管理单位推出反恐应急预案的主要原因，防患于未然，时刻做好处置突发状况的准备。

不同的单位在制定反恐应急预案时，所针对的恐怖活动不同，侧重的内容也会不同。比如，学校制定的反恐应急预案主要是针对发生在校园内的人为制造的一切危害社会稳定、师生安全与财产安全的违法犯罪活动。像西方国家的校园中经常会发生枪击事件，学校提前制定好这方面的应急预案，能最大限度地保障校园的安全

与稳定。当然，枪击只是众多暴力恐怖犯罪行为中的一种，爆炸、纵火、投毒等暴力恐怖犯罪也同样需要提前防范。

商场、游乐场、企事业单位也需要制定反恐应急预案。商场制定反恐应急预案，主要是为了及时有效地控制局面，妥善地处置商场发生的暴力恐怖袭击事件，最大限度地减少人员的伤亡和财产的损失；企事业单位制定反恐应急预案，主要是为了提升应对暴力恐怖袭击事件的应急处置能力，明晰各部门各人员的职责及应急处置流程，切实保障企事业单位人员及广大人民群众的生命及财产安全。

各单位在制定反恐应急预案时，需要依据《反恐怖主义法》《中华人民共和国消防法》《中华人民共和国安全生产法》等相关法律法规，从自身实际出发，以维护人民群众的生命及财产安全为首要目的。在具体的操作细则和处置方法上，各单位可以咨询当地公安机关和有关部门，确保制定出的反恐应急预案全面、有效。

第二节　反恐应急预案遵循的原则

以人为本是各单位制定反恐应急预案时必须要遵循的基本原则。但反恐应急预案只做到这一点是不够的，所以，各单位应该从多角度、多方面去完善自身的反恐应急预案。

各单位在制定反恐应急预案时，首先要确定反恐应急处置工作的基本原则。在诸多原则中，以人为本是反恐应急处置工作最基本的原则。

以人为本强调的是以人民群众的利益为根本出发点，在反恐应急处置工作中，要先确保各单位人员和广大人民群众的生命安全，一切工作以减少人员遭受伤害为主。无论是保护、救援，还是疏散，都应该以各单位人员和广大人民群众的生命安全为中心，开展各项应急处置工作。

控制局面、防止扩散也是反恐应急处置工作的一项重要原则。各单位应该根据自身所面对的暴力恐怖活动风险，来预设各种暴力恐怖活动的规模及危害，并由此来设计各种控制局面的方法。在保证人员生命安全的基础上，采取一切措施将恐怖活动的危害限制在最小范围内，防止其扩散到本单位之外，对广大人民群众和社会造成严重危害。

与控制局面、防止扩散处于同等重要地位的是快速反应、科学应对原则。践行这一原则，主要表现在建立突发事件的快速预警和处置机制。一旦发生突发事件，要立刻启动科学应对程序，发现、报告、处置、控制等环节要紧密衔接，不能出现丝毫差错。

前面提到的这些，主要是暴力恐怖事件发生后，各单位采取应急处置措施时需要遵循的几个重要原则。一个完整的反恐应急预案，不应该只包括事后的应急处置措施，还应该包括暴力恐怖事件未发生时的预防措施。在制定这些具体措施时，需要遵循的一个原则是：正面宣传、预防为主。

正面宣传、预防为主这一原则可以分成两部分来理解。正面宣传强调的是各单位应该将反恐知识宣传和教育活动写进反恐应急预案中，要在暴力恐怖事件未发生前，就向员工普及反恐知识和应急处置方法。预防为主强调的是一种居安思危的忧患意识。各单位要提前做好应对暴力恐怖事件的各项准备工作，该设计的流程要设计好，该准备的工具要准备齐。即使暴力恐怖事件在本单位发生的概率很小，这些工作也不容忽视；即使暴力恐怖事件从未在本单位发生过，这些工作也要做。

各单位在制定反恐应急预案时，应当将这些原则融入预案之中。这些原则将与预案的编制目的、编制依据、适用范围一同构成反恐应急预案的第一部分内容。

第三节　反恐应急预案的重点问题

制定完善的反恐应急预案，可以降低暴力恐怖事件发生的风险，也可以降低暴力恐怖事件对人民群众的生命及财产安全所造成的影响。

各部门各单位在制定反恐应急预案时，除了要坚持前面提到的一些基本原则，还需要特别关注一些重点问题。这些重点问题可以说是反恐应急预案的骨架，一份完整的反恐应急预案必须包含这些问题。

1. 第一个重点问题：风险辨识

各单位在反恐应急预案中，必须将反恐防暴所面临的主要风险列示清楚，除了一些基本的暴力袭击、爆炸等事件外，各单位还需要根据自身实际情况，列示出其他可能发生的暴力恐怖袭击风险。比如，水务集团应特别注意投毒、破坏水利设施的暴力恐怖袭击；大型商场应特别注意纵火和劫持人质等暴力恐怖袭击。

2. 第二个重点问题：明确组织机构及职责

各单位的反恐应急预案中必须明确反恐工作领导小组的组织架构，以及各个应急行动小组的具体职责。比如，某企业在设计反恐应急预案时，以集团管理层为反恐工作领导小组，各部门为应急行动小组，分管警戒、疏散、救援及后勤保障等工作。只有明确了领导机构，落实了具体职责，才能更好地完成反恐应急工作，将暴力恐怖袭击的危害降到最低。

3. 第三个重点问题：预警与预防

各单位应在反恐应急预案中写明事故预警机制和事故预防措施。所谓事故预警机制就是预先发布恐怖袭击可能发生的信号，实现信息的超前反馈。当恐怖袭击危险可能发生时，应该向哪个部门汇报；如果这个渠道不通，又该如何越级上报，这些要在预案中写清楚。事故预防措施则是为了将恐怖袭击风险降至最低。哪些部门应该采取哪些措施，是工作落实到人，还是固定部门日常巡逻，这些都要在预案中写清楚。

4. 第四个重点问题：应急响应

反恐应急预案中的应急响应，主要包括事故报告、应急疏散、现场处置和治安维护等内容。各单位应在预案中写明事故报告的流程、应急疏散的原则，以及针对各类恐怖袭击的现场处置方法和治安维护手段。恐怖袭击事件发生后，应当如何确保涉险人员的人身安全，是应急响应中最重要的环节。这部分内容，各单位也要根据自身情况设计出合理的方案。

5. 第五个重点问题：预案的宣传、培训与演练

各单位在制定完成反恐应急预案后，还需要会同有关部门对预案内容进行宣传和培训，帮助各单位员工掌握避险、自救、互救、减灾知识，增强各单位员工的忧患意识和提高自救互救能力。除了宣传培训，各单位还应当定期组织员工进行应急处置演练，将学到的知识应用于实践中，防患于未然。

单纯靠反恐应急预案是没办法根除暴力恐怖事件的，但好的反恐应急预案却可以将暴力恐怖事件对社会及人民群众的危害降到最低，这正是建立反恐应急预案的意义。总的来说，反恐应急预案最为重要的问题，就是如何更好地保障各单位员工和广大人民群众的生命及财产安全。这是反恐应急预案的核心问题，也是各单位在制定反恐应急预案时必须要解决好的问题。

第四节 强化反恐应急预案的演练

反恐应急预案并不是纸面文章，其需要接受实际演练的检验。各单位要不断强化反恐预案的实践演练，在演练中完善预案，在实践中增长经验。

各单位在制定完成反恐应急预案后，首先需要与有关部门合作，对预案内容进行完善，而后再将具体的预案发放到每一位员工手中，向员工宣传，给员工辅导，让员工理解自己在反恐应急预案中应该负担的职责。

在完成了宣传、培训工作之后，各单位还需要不定期举行反恐预案的演练，以考核员工对各自职责的掌握程度，以及反恐应急预案的完善程度。

演练的课题、队伍、内容、范围都由各单位自主确定，可以在某次演练中专门针对某种恐怖袭击活动设计内容，也可以将多个部门的应急处置工作一同囊括进来。各行动小组在演练中，要充分承担起自己的职责，从实践角度出发，切实提升自身的应急救援能力。

2021年8月24日，东方航空公司山东分公司组织开展了2021年度反恐桌面演练活动。本次演练以“航班上客完毕，机组人员在洗手间发现疑似爆炸物”为具体场景，主要是为了让各单位尽快熟悉转场后的应急处置流程，提升转场后的应急处置能力和协调配合能力。

山东分公司为了更好地展现实战化效果，这次演练没有预先设计脚本，也没有提供任何演练材料，完全按照航班真实遇险情境，依据应急预案流程来考验各单位的应急处置水平。

演练开始后，机组人员率先发出应急信息报告。收到报告后，分公司及时启动了应急响应，各单位在规定时间内顺利赶到应急室，按照各自职责分工完成了相应的应急处置工作。

演练结束后，分公司保卫部对照反恐应急预案梳理了整个演练过程，对演练过程中各单位应急人员的处置情况、应急设备的使用情况、应急预案的适用性进行了评估；同时也对演练中发现的问题进行了细致分析，并为完善反恐应急预案提出了一些可行性意见。

截至2021年7月底，我国航空运输已经连续安全飞行了131个月，确保了空防安全。能够取得这样的成绩，与我国各航空单位对反恐应急演练的重视是分不开的。正是那一次次地演练，一次次地完善预案，才让中国航空有了现在的安全水平。

不只是航空单位，我国的各个单位、组织都应该重视反恐应急预案的演练。那些写在预案中的文字只有被运用到实践中才有意义。所以，在制定完反恐应急预案后，各单位一定要注重和强化反恐预案的演练和实践，让反恐应急预案发挥实实在在的效果。

第四章

安全措施，斩断恐怖主义的触手

第一节 宣传教育，打掉恐怖主义的社会基础

宣传教育是反恐工作的重要环节，反恐宣传工作具有重要意义。通过宣传教育可以全面普及反恐、防恐基本知识，进而增强群众反恐、防恐的安全意识，提升群众识别、防范恐怖活动的技能。

通过宣传教育，营造全民反恐的社会氛围，打掉恐怖主义的社会基础；通过宣传教育，让人民群众在日常工作生活中，能够发现恐怖主义的苗头，及时举报恐怖主义活动；通过宣传教育，让人民群众在不幸遇到恐怖主义活动时有能力应对，并能够进行自我救助。

反恐宣传教育要想真正走入群众生活，可以从以下五点出发。

1. 反恐教育从娃娃抓起

学校应建立反恐、防恐教育制度，定期对学生进行反恐安全教育。增设反恐教育课程，有计划地落实反恐宣传教育进校园行动。同时，派出所民警应定期指导校

园反恐宣传教育工作。

2. 反恐宣传进农村

各行政村应建立反恐怖主义和预防恐怖主义的宣传和教育制度，并应指定负责村庄安全宣传和教育的人员。提高反恐宣传教育在新农村、文明村评判中的比重，使广大农民从根本上重视反恐。充分利用村宣传栏开展反恐教育，在村民聚集的广场等地增设安全提示。

3. 企业配合反恐宣传教育，义不容辞

一个稳定的社会是企业发展的前提。企业应将反恐宣传纳入企业安全工作考核中。要有计划地开展反恐宣

传教育活动，明确活动目标、责任人，配备相应的反恐器材和宣传资料，组织员工定期开展相关培训。企业可用电子屏播放反恐、防恐相关知识，也可以利用宣传栏、提示标语等提示员工重视反恐工作。企业的安全负责人应制定紧急疏散方案，如遇恐怖袭击，员工能够迅速疏散逃生。普通企业每年至少开展一次逃生演练，重点安全企业可根据实际情况酌情增加演练次数。

4. 党政机关树立榜样

机关干部要学习《反恐怖主义法》，对恐怖主义、恐怖活动、恐怖分子要普遍了解和认知。机关、部门内要成立反恐怖主义宣传教育组织机构，明确责任人和宣传人员，制定和完善反恐宣传教育规章制度。同时制定反恐宣传教育年度工作计划和实施方案，并认真执行。机关单位宣传栏、标语定期安排展示与反恐、防恐相关的内容。各单位依据实际情况，每年统一组织反恐安全演练活动，并进行反恐知识培训。各单位每年最少进行一次反恐演习，可依实际情况酌情增加。

5. 反恐宣传教育，事关每个家庭

将家庭反恐教育和宣传纳入“文明家庭”等评选重要参考指标。派出所、乡镇街道办事处、小区业主委员会等应建立家庭反恐宣传教育制度；负责人应组织宣传人员定期发放反恐宣传资料，增设防恐安全提示标语；同时也应进行反恐宣讲，普及《反恐怖主义法》；还应以家庭为单位，定期组织家庭成员进行疏散逃生演练。

各部门、单位要紧密合作，坚持以习近平新时代中国特色社会主义思想为指导，认真贯彻落实习近平总书记关于反恐怖斗争的系列重要指示精神，将反恐、防恐宣传工作真正落实到位，筑起反恐的坚固长城。

第二节 社会联动，防范风险

在日常生活中，无论是进出火车站、飞机场，还是到体育场、影剧院等场所，安全检查是必不可少的。购票乘坐交通工具、入住宾馆、租赁机动车等要进行实名登记，都需要广大人民群众的支持与配合。这些虽是举手之劳，但是对全社会的反恐工作具有重要意义。通过这些措施，能够有效地遏制和防范恐怖分子策划和实施恐怖活动。

反恐措施关系到你我的共同安全，支持反恐措施、配合反恐行动是每个公民义不容辞的责任。只有全社会联动，人民和国家共同配合，才能防范恐怖主义风险。

1. 不要嫌麻烦，主动配合安检

安全检查的主要目的是保障每个公民的人身、财产安全。无论是管制刀具、枪支、弹药、易燃易爆物，还是放射性、腐蚀性危险物品，在安检的过程中，只要人身携带或物品夹带，都能够被检查出来。这可以有效避免危害的发生，为大家创造一个安全的环境。

通常会在哪些场所进行安全检查呢？

（1）人员密集场所。例如，商场、影剧院、医院等公众聚集场所。

（2）交通枢纽。例如，汽车站、地铁站、火车站、飞机场、码头等。

（3）举行大型活动的场所。例如，游戏比赛现场、艺术展览场馆、体育赛事现场等。

群众如何配合做好安全检查？

（1）出行或进入场所前，要了解禁止携带的物品种类，不将违禁品或管制物品带入安检场所。

（2）留出足够的安全检查时间。无论是参加活动，还是出行，都提前做好准备，给安检预留出时间，避免延误。

（3）听从检查人员的指示，积极配合，加快通过安检处的速度。

（4）如需查验身份证件，应事先准备好有关证件，以确保迅速通过。

2. 实行实名制，让恐怖分子无处可逃

在日常生活中，无论是乘坐交通工具，还是入住宾馆，都需要出示有效证件。实名制有利于打击违法犯罪、规范个体行为、加强社会管理，还能及时发现可疑人员，在消除恐怖主义隐患方面，发挥着十分重要的作用。

什么时候需要进行实名登记？

（1）购票乘坐火车、飞机等公共交通工具。

（2）入住宾馆、酒店等。

（3）去网吧上网。

（4）使用金融、电信、互联网等服务。

（5）车辆租赁。

3. 防患于未然，积极参与演练

恐怖分子都是一些亡命之徒，他们没有原则，不讲底线。当我们意识到身边可能发生了恐怖事件时，一定要先确保自己的人身安全，然后找机会报警。防患于未然，我们也应该掌握一些应急技能。

（1）公共场所发生爆炸、火灾等突发事件时，保持镇静，立即离开事发区域。不贪恋财物，也不聚众围观。

（2）遇到紧急情况无法逃避时，应利用地形、遮蔽物遮掩、躲藏。逃离现场时避免拥挤，以防踩踏受伤。

（3）保持冷静，不要惊慌地大喊大叫，避免造成更大的伤害。

（4）遇到不明液体或气体时，迅速躲藏，同时用湿毛巾、衣服等捂住口鼻。

（5）确保个人安全的情况下，及时报警、呼救和救助他人。

我们想与恐怖主义斗争，一定要强化协调联动，尽全力做好恐怖主义风险防范、化解工作。完善安检措施，将实名制落实到位，组织群众进行反恐应急训练，努力防范和规避恐怖主义风险。

第三节 金融监管，切断恐怖主义的经济来源

资金是恐怖主义行动能力的重要基础，恐怖活动组织及其人员策划和实施恐怖活动离不开资金的支持。因此，为了遏制恐怖活动，我们要切断恐怖主义的经济来源，动摇其赖以生存的经济基础。

金融监管是政府通过特定的机构，如中央银行等对金融交易行为主体作的某种限制或规定。实施的主体是政府，所以可以看作是一种具有特定特征和内涵的政府规制行为。金融监管由金融监督和金融管理两部分组成，不仅要对金融机构实施检查和督促，还要领导、组织金融机构使其稳健地经营和发展。

完善的金融监管机制可以有效地遏制、震慑金融犯罪。现今金融机构监管的重点领域为：反洗钱、打击恐怖主义融资和客户尽职调查。打击恐怖主义融资的重点是实施有力的反洗钱措施，切断恐怖分子活动的经济来源。客户尽职调查是反洗钱措施的一个重要方面。金融

机构对客户身份信息要收集验证，然后记录保存；同时根据已知恐怖分子名单核查客户，认真鉴别筛选高风险客户，降低洗钱等金融犯罪的风险。

金融机构要制订完善的反洗钱方案，任命合格的职员培训内部人员，并根据方案实施过程中的反馈，对方案进行完善和更新。此外，金融机构还要保证客户资料的真实性和时效性，防范恐怖分子匿名或间接持有账户，以此防止其利用金融网站实施洗钱或恐怖主义融资活动。

2021 年 4 月 12 日，中国人民银行颁布了《金融机构反洗钱和反恐怖融资监督管理办法》。无论是银行，还是证券公司、保险公司、信托公司等金融机构，都要接受中国人民银行的监督管理。各金融机构应该按照规定，建立健全反洗钱和反恐怖融资内部控制制度，评估洗钱和恐怖融资风险，建立与风险状况和经营规模相适应的风险管理机制，搭建反洗钱信息系统，设立或者指定部门并配备相应人员，有效履行反洗钱和反恐怖融资义务。

金融机构对于提供反洗钱和反恐怖信息、配合询问调查的客户身份信息要予以保密。当发现金融机构存在洗钱和恐怖融资的风险隐患，或者发现其反洗钱和反恐怖融资工作存在明显纰漏时，监督机构可向该金融机构发《反洗钱监管提示函》。金融机构收到后，应采取必要的管控措施，立即整改。

随着科学技术的发展，为恐怖分子提供经济支持的潜在威胁——虚拟货币浮出水面。虽然目前虚拟货币还没有被大规模用于恐怖主义活动，但因虚拟货币的隐蔽性、持久性等特点，其在未来的威胁可能加大。

因此，执法部门、金融监管机构等需要采取措施，防止虚拟货币被恐怖组织大规模使用。科技是把双刃剑，技术创新带来的风险不能回避，应该积极应对，进行有效的监督和管理。

第四节 分化瓦解，教育转化恐怖分子

为了应对恐怖主义威胁，消除恐怖主义滋生的土壤，维护国家稳定及人民生命安全，许多国家和地区都在积极探索打击和预防恐怖主义的有效措施和方法，并积累了许多有益的经验。

在诸多应对恐怖主义的方法中，教育转化恐怖分子是一个十分重要的方法。通过对受恐怖主义思想影响的群体进行教育转化，为他们提供一些必要的心理辅导以及职业技能培训，可以帮助他们重新融入社会。

在具体举措上，有的国家会设立教育转化中心，将恐怖分子分类，依托家庭和社区，对他们进行精神和经济的帮扶，进而完成教育转化；有的国家通过“转化和脱离”项目，强制涉恐人员参加培训，并将那些风险等级较高的恐怖分子安置在隔离中心，防止其影响更多参与教育转化的人员；有的国家则将社区教育作为重点，通过早期干预，制止年轻人加入极端组织、

恐怖组织，进而切断恐怖主义、极端主义思想传播的途径。

2016 年，联合国推出《防止暴力极端主义行动计划》，呼吁国际社会共同采取行动防止暴力极端主义，建议各国及早介入，通过实际和综合性手段应对和打击暴力极端主义，根除暴力极端主义滋生的生存土壤。

此外，该计划还指出，各国应为暴力极端主义团体的成员提供教育转化的机会与场所，帮助他们顺利脱离暴力极端主义团体。

我国作为负责任的大国，历来支持联合国大会推出的各项反恐决议。中国在借鉴吸收国际社会反恐经验的基础上，积极响应联合国大会的决议，致力于“消除恐怖主义蔓延条件，预防和打击恐怖主义”。例如，新疆立足本地区实际，深入开展反恐怖主义、去极端化斗争，坚持“一手抓打击、一手抓预防”，既依法严厉打击暴力恐怖犯罪，又重视开展源头治理，通过着力改善民生、加强法制宣传教育、依法设立职业技能教育培训中心进行帮扶教育等多种方式，最大限度保障公民的基本人权免遭恐怖主义和极端主义侵害。

在反恐斗争工作中，教育转化是一种打防结合的安全举措，既对恐怖主义、极端主义保持高压态势，又对受到恐怖主义、极端主义思想影响的人员进行了挽救。挽救而不是严惩，关爱而不是厌弃，这样才能真正分化瓦解恐怖组织，教化改变恐怖分子。

第五节 边境严查，把恐怖主义挡在国门外

近年来，新疆地区的安全形势得到了极大改善，这既得益于国家及当地政府采取的各项有力举措，也离不开边境地区对非法出入境的有效管控。边境地区的严防严查，将恐怖主义挡在了国门之外，保障了国内的安全与稳定。

新疆阿克苏边境地区的地形崎岖复杂、山河交错，一旦暴力恐怖分子从这里潜入深山，就很难被探查出来。而从地理位置上来看，这里又是南疆地区的中心区域，是反恐怖斗争的前沿阵地。守护这一地区，是守护南疆的关键，是守护新疆的关键，更是守护祖国西北门户的关键。

为了全方位无死角地筑牢防线，新疆阿克苏地区建立了党、政、军、警、兵、民“六位一体”的联合控边体系，形成了“地方党委统一领导、公安边防部门主导推动、成员单位合力建设、边民群众广泛参与”的立体化防控

格局。在这一立体化防控格局中，护边员们发挥着至关重要的作用。

细致的边境踏查是很有必要的，这是护边员们的共识。他们作为边防地区反恐怖、反渗透斗争的主要参与者，攀山、涉水，忍受强风的袭扰和狼群的威胁，为的就是将隐藏在边境地区的恐怖活动风险连根拔除。

由于边境地区自然条件恶劣，地理环境复杂，涉及的区域十分广泛，使得边境防控的任务极为困难。这就要求在选拔护边员时，要充分考虑各方面因素。政治觉悟、身体素质是基础要求，观察分析能力和灵活应对环

境变化能力是必备要求。

被选拔上来的护边员有的是公安干警，有的是退伍军人，也有一些是当地的农牧民。他们常年生活在边境地区，对这里的一草一木都非常了解，也知道边境踏查防控的重点在哪儿。经过一段时间的培训后，他们便成为边境反恐前沿的信息员和守护者。

近年来，除了护边员，我国各边境地区还将一些先进的技术手段运用到了边境防控工作之中。例如，电子雷达预警系统可以对数十公里内快速移动的目标进行定位、追踪及预警。接到警报的护边员可以迅速赶往预警地点，及时处置危险情况。无人机运输货品则大大降低了物品运输的时间，在一定程度上摆脱了边境地区复杂地理环境的限制，可以更及时地为护边员提供全面周到的物质保障支持。

在边境地区基层党组织的领导下，在现代科技手段的助力下，广大护边员可以更好地开展边境踏查工作，确保边境地区无缝隙、无死角、无盲点，有效维护边境地区的安全稳定，坚决将恐怖主义风险阻挡在国门之外。

第六节 重点防范，重大事件、重要场所的反恐准备

暴力恐怖袭击具有较大的不确定性，越是在人员聚集的场所，越容易造成大规模伤亡。为此，各部门及单位需要对重大事件、重要场所进行重点防范，做好必要的反恐准备及具体预案。

从那些已经发生并造成重大人员伤亡的恐怖袭击事件来看，恐怖分子在制造恐怖袭击时，大多会选择某一地区发生重大事件时，比如 2013 年 4 月 15 日发生在波士顿马拉松赛场上的爆炸案；也有一些恐怖分子会选择在人员聚集的重要场所制造恐怖袭击，比如 2005 年的伦敦地铁爆炸案。

可以说，没有人能预料哪个国家、哪个地区或哪座城市会成为恐怖分子袭击的下一个目标。为此，世界各国都应提前做好准备，针对重大事件及重要场所做好重点防范工作，以应对那些无法预测的恐怖袭击活动。

以我国为例，各地区各部门应当把公交、地铁、机

场等人员密集场所作为重点，做好重要节日、重要活动、重要事件的反恐准备，防范恐怖分子发动恐怖袭击活动。

除了这些重点场所，一些单位也属于人员密集场所，比如学校、医院、博物馆、银行等。这些单位也应该有一套完备的反恐预案，并认真做好重要事件的反恐准备工作。

具体来说，这些重点防范工作，可以从人防、技防和物防三个方面着手。

在人防方面，各重点单位、重点场所要有应急防范部门，比如保安部、保卫科等。单位出入口的安全保卫人员应当接受定期培训，达到考核标准后再上岗工作。对于一些防控风险等级较高的场所，公安机关可以设置驻防点或是警务站；在有重大事件发生的场所，公安机关和负责单位应共同做好反恐准备工作。

在技防方面，各重点单位、重点场所要有专门针对暴力恐怖犯罪的报警装备，还应该完善视频监控系统，以便随时排查可疑的恐怖组织成员。对于那些生产危险化学品、防控风险等级较高的企业，则还应采取无线电信号频段干扰等举措，以保障安全生产，降低恐怖袭击风险。

在物防方面，各重点单位、重点场所应在人员活动区域外设置物理隔离带，以防止车辆冲入造成人员伤亡。在学校、政府等单位的门口，可以设置防撞墩，阻止车辆闯入。对于生产危险化学品的企业，门口的防护措施要更为严格，可多设置几道防撞措施。

总体而言，这些具体的防范举措可以在一定程度上减少暴力恐怖活动对各单位造成的破坏，减少恐怖袭击发生后的人员伤亡。更多具体的防范举措，各部门、各单位应在自身的应急反恐预案中列明，并定期进行培训、演练。

第五章
情报搜集，让恐怖主义无处遁形

第一节 建立反恐怖主义情报信息工作机制

恐怖主义给人民的生命安全和国家的安定带来巨大威胁。所以，国家需要做好反恐情报工作，建立反恐怖主义情报信息工作机制，让恐怖分子无处遁形。

目前，我国正在大力完善反恐怖主义的相关工作机制。其中，最基础的一项就是建立和完善反恐怖主义情报信息工作机制。

我国专门设立了职责明确的反恐怖主义工作领导机构，对全国反恐怖主义工作进行统一领导与指挥。同时，在设区的市级以上地方人民政府设立反恐怖主义工作领导机构，县级人民政府根据需要设立反恐怖主义工作领导机构。为了确保反恐怖主义情报工作的有序运行，各级反恐怖主义领导机构要在上级领导的指挥下，负责本地区的反恐怖主义工作。

那么，我国有哪些机构是负责反恐怖主义工作的呢？

具体来说，我国负责反恐怖主义工作的机构有公安机关、国家安全机关和人民检察院、人民法院、司法行政机关以及其他有关国家机关。其中，公安机关是最基础的反恐怖主义工作机关，也是基础情报工作搜集的主要机构。

关于建立反恐怖主义情报信息工作机制，《反恐怖主义法》第四章第四十三条作出了明确规定：

国家反恐怖主义工作领导机构建立国家反恐怖主义情报中心，实行跨部门、跨地区情报信息工作机制，统筹反恐怖主义情报信息工作。

有关部门应当加强反恐怖主义情报信息搜集工作，对搜集的有关线索、人员、行动类情报信息，应当依照

规定及时统一归口报送国家反恐怖主义情报中心。

地方反恐怖主义工作领导机构应当建立跨部门情报信息工作机制，组织开展反恐怖主义情报信息工作，对重要的情报信息，应当及时向上级反恐怖主义工作领导机构报告，对涉及其他地方的紧急情报信息，应当及时通报相关地方。

可见，我国在反恐怖主义情报工作方面，强调各部门协同合作。为了更好地配合各级机构的反恐怖主义工作，中国人民解放军、中国人民武装警察部队、各地民兵组织都需要按照我国相关法律法规，配合反恐怖主义情报的搜集工作。同时，村民委员会、居民委员会、企业事业单位、社会组织，也应该积极配合我国反恐怖主义机构的情报信息搜集工作。

建立反恐怖主义情报信息工作机制需要国家的努力，也需要我们每个人贡献自己的力量。只有每个人都配合相关机构的反恐怖主义情报信息搜集工作，才能真正预防恐怖活动的发生，才能切实保障人民的生命安全和国家的安定。

第二节　依靠社会群众，广泛搜集恐怖主义情报

公安机关反恐情报工作是反恐怖主义情报信息工作机制中的基础环节，也是非常重要的一环。只有依靠群众，公安机关才能广泛搜集恐怖主义情报。

反恐怖主义情报信息工作机制，主要由公安机关牵头建立。因为相比其他国家机关，公安机关更能做到与人民群众直接接触。而且，在公安机关的工作中，情报工作是其中的一项重点工作。所以，群众需要配合公安机关进行情报的采集，为反恐情报工作尽一份力。

在反恐工作中，公安机关可以利用现有的情报工作机制，对恐怖分子进行实时监控，以便在暴力恐怖袭击出现之前或出现时，能够及时解决问题，将损失降到最低。

关于搜集恐怖主义情报，《反恐怖主义法》第四章第四十四条作出了明确规定：

公安机关、国家安全机关和有关部门应当依靠群众，

加强基层基础工作，建立基层情报信息工作力量，提高反恐怖主义情报信息工作能力。

为了更好地推进反恐怖主义情报工作机制的建立，公安机关反恐情报工作应该做到如下两点。

1. 加强反恐情报的预警

公安机关要熟悉自己的作战对象，同时要掌握恐怖分子的真实情况，这是开展反恐情报工作的重要前提。同时，公安机关还要根据职能的不同，进一步细化反恐情报工作。

目前，适用于公安机关的反恐情报预警是建立反恐情报中心，让广大群众参与进来，不必再层层上报。这

样可以尽快识别恐怖主义信息并及时做出反应。

公安机关也需要尽快建立各级反恐情报信息中心，实现情报信息的高效共享，实现应对措施的快速建立。这样才能全面提高公安机关反恐情报工作的效率。

2. 优化网络信息，加强反恐维稳力量

中国是一个幅员辽阔、人口众多的多民族国家，因此，边境发生恐怖主义犯罪活动的频率也相对较高。对此，公安机关应加强网络信息的优化工作，从众多信息中筛查出值得关注的敏感信息，以应对复杂的反恐预警工作。

同时，公安机关也应遵循灵活实用、精干高效的原则，在建立情报工作系统的同时，加强反恐工作中的维稳力量。比如，在社会情况较为复杂的地区，增配反恐特警部队及医护组织，在重点片区建立特警巡控、武警管控、部队机动支援的反恐系统。

总而言之，公安机关只有依靠群众，才能建立好反恐怖主义情报信息工作机制，才能维护人民群众与国家的安全。

第三节 情报信息工作可采取的技术侦察手段

情报信息工作是反恐工作的重要环节，采取技术侦察手段进行情报信息工作，有利于预防恐怖主义行动，便于将恐怖袭击消除在萌芽状态。

关于反恐怖主义情报工作，相关部门可采用技术侦察手段来进行。

那么，什么是技术侦察手段呢？

技术侦察手段，是指相关部门在侦办各种犯罪案件时，为了获取相关案件的信息、情报、资料等，由专业人员依法通过专门程序采用的秘密技术、手段和措施。运用技术侦察手段发现和揭露恐怖主义犯罪，是世界各国侦察机关的普遍做法。

同走私、制毒贩毒、涉黑涉贪一样，恐怖主义活动也是严重危害国家和人民安全的犯罪行为。技术侦察手段对发现恐怖主义犯罪具有不可代替的优势，也是相关部门克敌制胜的秘密武器。

常见的技术侦察手段包括电话监听、电子监控、电子侦听、秘密拍照、秘密录像、邮件检查等。这些技术侦察手段能及时发现恐怖分子活动目标、活动地点与活动本身，并提前对此做出预警与布防。

一些群众会担心，相关部门进行恐怖主义情报搜集的同时，会窃听或监控自己的隐私生活。其实，这点大家大可不必担心。

关于恐怖主义情报的搜集，《反恐怖主义法》第四章第四十五条作出了明确规定：

公安机关、国家安全机关、军事机关在其职责范围内，因反恐怖主义情报信息工作的需要，根据国家有关规定，经过严格的批准手续，可以采取技术侦察措施。

依照前款规定获取的材料，只能用于反恐怖主义应对处置和对恐怖活动犯罪、极端主义犯罪的侦查、起诉和审判，不得用于其他用途。

而且，根据《中华人民共和国刑事诉讼法》第一百五十条的相关规定，能够行使技术侦察措施的主体是公安机关和国家安全机关。这就意味着，在反恐活动中，只有公安机关和国家安全机关有权利使用技术侦察手段。而且，技术侦察手段只能用于应对恐怖主义相关工作，因此不会对普通群众的生活和隐私造成困扰。

我国一向非常注重人权方面的保障，正如联合国安理会强调的——各国必须确保，为打击恐怖主义而采取相对措施时，一定要注意参照国际法，尤其是国际人权法、国际难民法及国际人道主义法。我国也是如此做的——不因侦查权力过小而无法打击恐怖犯罪活动，也不因侦查权力过大而损害公民合法利益。

第四节　反恐情报搜集工作中，如何保护公民隐私

反恐情报搜集工作必须牢牢依靠人民群众，坚持专群结合、群防群治、综合治理。为此，相关部门一定要保护好公民隐私，不让公民暴露在危险之中。

隐私权是公民的个人生活和信息依法受到保护，不被他人非法侵扰、知悉、搜集、利用和公开等的一种权利。随着通信技术的发展，人们越来越重视对个人隐私的保护。而在反恐情报工作过程中，尤其是情报搜集、处理中，必然会触及个人隐私信息。这就要求国家制定相应的法律保护公民的隐私权。同时，相关部门在搜集和处理情报信息时也要保护公民的隐私，严防公民的个人信息泄露。尤其是那些为国家提供反恐情报信息的公民，相关机构一定要重点保护其隐私，对其安全负责到底。

《反恐怖主义法》第八章第七十六条规定：

因报告和制止恐怖活动，在恐怖活动犯罪案件中作

证，或者从事反恐怖主义工作，本人或者其近亲属的人身安全面临危险的，经本人或者其近亲属提出申请，公安机关、有关部门应当采取下列一项或者多项保护措施：

（一）不公开真实姓名、住址和工作单位等个人信息；

（二）禁止特定的人接触被保护人员；

（三）对人身和住宅采取专门性保护措施；

（四）变更被保护人员的姓名，重新安排住所和工作单位；

（五）其他必要的保护措施。

公安机关、有关部门应当依照前款规定，采取不公开被保护单位的真实名称、地址，禁止特定的人接近被保护单位，对被保护单位办公、经营场所采取专门性保护措施，以及其他必要的保护措施。

反恐机构必须始终将人民群众生命、财产安全放在首位。为此，相关部门一定要克服麻痹思想与侥幸心理，完善社会治安防控体系，切实加强公民隐私保护，从源头上预防公民隐私泄露的情况发生。

在反恐情报搜集工作中保护公民隐私，需要做到如下几点。

1. 依法保护公民隐私

《反恐怖主义法》的出台为解决我国反恐情报搜集

公民隐私泄露

和公民隐私权保护的冲突提供了重要的法律保障。关于在反恐情报搜集工作中如何保护公民隐私，《反恐怖主义法》第四章第四十八条明确规定：

反恐怖主义工作领导机构、有关部门和单位、个人应当对履行反恐怖主义工作职责、义务过程中知悉的国家秘密、商业秘密和个人隐私予以保密。

违反规定泄露国家秘密、商业秘密和个人隐私的，依法追究法律责任。

2. 反恐情报搜集工作流程要严防泄密情况发生

为了自身的生命安全，提供情报信息的公民都很注重对个人隐私的保护，因此，他们很少主动告知他人，是自己向相关机构提供了情报。那么，为什么会出现公民信息泄露呢？可能是相关机构层层递交情报消息时，无意间泄露了情报提供者的信息。

为此，相关机构及工作人员必须经过严密培训与考察，情报信息的接收与递交也要严格按照相关流程进行。同时，相关机构加大监控监管力度，杜绝泄密事件的发生。

3. 设置匿名情报投递点

为防止情报递交者因为信息泄露而遭到报复，相关机构可以设置情报信息投递网址、网站，也可以设置情报信息投递信箱，并提示公民匿名投递情报，从源头防止泄密事件的发生。

总而言之，反恐情报搜集工作中，保护公民隐私是非常基础、非常必要的环节。只有保护好公民隐私，公民才会与相关机构紧密相连，才会让恐怖分子无处遁形。

第六章

社会行动，公民在反恐行动中的角色

第一节 学习《反恐怖主义法》相关知识

《反恐怖主义法》是一部全面、系统地规定有关反恐工作体制机制和手段措施的综合性法律。

我们每个人都有义务了解和学习《反恐怖主义法》的相关知识。这部法律的颁布与实施，对依法防范与惩治恐怖活动，以及维护国家安全、公共安全与人民生命财产安全具有非常重要的意义。

我们要想学习《反恐怖主义法》，就要知道国家对恐怖主义的立场和态度。

《反恐怖主义法》第一章第二条规定：

国家反对一切形式的恐怖主义，依法取缔恐怖活动组织，对任何组织、策划、准备实施、实施恐怖活动，宣扬恐怖主义，煽动实施恐怖活动，组织、领导、参加恐怖活动组织，为恐怖活动提供帮助的，依法追究法律责任。

国家不向任何恐怖活动组织和人员作出妥协，不向任何恐怖活动人员提供庇护或者给予难民地位。

这是国家对恐怖主义的态度，也是我国公民应该对恐怖主义秉持的态度。

那么，如果个人遇到恐怖分子或疑似恐怖分子，或者获知恐怖主义情报信息后，应该将信息报告到哪里呢？

《反恐怖主义法》第一章第八条规定：

公安机关、国家安全机关和人民检察院、人民法院、司法行政机关以及其他有关国家机关，应当根据分工，实行工作责任制，依法做好反恐怖主义工作。

中国人民解放军、中国人民武装警察部队和民兵组织依照本法和其他有关法律、行政法规、军事法规以及国务院、中央军事委员会的命令，并根据反恐怖主义工作领导机构的部署，防范和处置恐怖活动。

有关部门应当建立联动配合机制，依靠、动员村民委员会、居民委员会、企业事业单位、社会组织，共同开展反恐怖主义工作。

也就是说，上述机构和组织都是公民可以依靠的对象。反恐工作需要上述机构、组织和公民的共同努力，这样才能让恐怖分子无所遁形，才能真正保障国家与人民的安全。

当前，恐怖主义对我国的国家安全依然构成威胁，而且国际反恐形势也不容乐观。所以公民应该学习《反恐怖主义法》的相关知识，积极协助、配合相关部门的反恐工作，依靠法律武器，维护国家安全和自身权益与安全。

第二节　加强对恐怖主义的识别能力

恐怖主义正逐渐在一些群体中蔓延。原本，这些群众是爱好和平的，但他们被恐怖组织蛊惑，相信了恐怖主义。所以，我们必须具备识别恐怖主义的能力。

长期以来，恐怖主义通过暴力、恐吓、破坏等手段，在许多国家制造混乱，造成社会动荡不安。虽然实施恐怖活动的人只是一小部分，但其造成的危害却远远大于普通犯罪。作为普通公民，我们要学会识别可疑人员和可疑物品，在日常生活中发现恐怖活动嫌疑人员或物品后，要及时向公安机关或有关部门报告。

那么，哪些人属于可疑人员呢？

（1）使用伪造的身份证件或冒用他人身份证件的人。

（2）在安全检查过程中言行异常，不愿接受检查或逃避安全检查的人。

（3）其服饰上有疑似与恐怖主义相关的标识或皮

肤上文着疑似与恐怖主义相关的图案的人。

（4）衣着反常，穿着很宽大的衣服或腰部有突出物品的人。

（5）携带管制刀具，携带易燃易爆等违禁物品的人。

（6）作息时间反常，常在房间内搞出异常声响或从其房间内溢出刺激性气体的人。

（7）大量收集木柴、火柴、引火物品等非正常生活用品的人。

（8）在人员密集场所或地标场所反复徘徊观察，

并打探安保情况的人。

（9）试图获取武器、炸药等，或匿名大量购买管制刀具、易燃易爆物品及危险化学品的人。

（10）与公安机关公布的恐怖分子长得相似的人。

在了解了哪些是可疑人员后，我们再来看看，哪些物品属于恐怖主义可疑物品。

（1）在人员密集场所或地标场所出现的来历不明的物品，或放在地上无人认领的物品。

（2）故意藏匿或进行过伪装的物品。

（3）可疑人员携带的与身份不符的物品，比如过大的包、有凸起物的包等。

（4）企图躲避安检的物品。

（5）散发出特殊气味的物品，比如散发出臭鸡蛋气味的物品，很可能是黑火药；散发出氨水味道的物品，很可能是硝铵炸药。

那么，识别出可疑人员或可疑物品后，我们需要如何做呢？

（1）迅速远离。远离那些可疑人员或可疑物品，并及时向公安机关举报。

（2）记住嫌疑人员外貌、服装和携带物品特征。在保证自身安全的情况下，可以拍照记录，然后向公安机关举报。

恐怖分子十分狡猾凶残，因此，公民一定要加强对恐怖主义的识别能力，不要被恐怖分子蛊惑，做出违法和损坏国家利益的事情。

第三节　发现恐怖主义宣传要果断举报

为了吸纳更多人加入恐怖组织，恐怖分子会渗透到群众中间，向群众宣传恐怖主义。我们每个人都有义务举报恐怖主义的宣传活动，不给恐怖分子可乘之机。

恐怖分子为了宣传恐怖主义思想，通过制作、发布音视频，散发非法宣传品等形式，千方百计地向群众传播恐怖主义思想，煽动实施恐怖活动，传授恐怖袭击方法。作为普通公民，我们要学会识别它们并果断举报。

那么，哪些属于宣传恐怖主义的行为呢？

（1）传播宣扬暴力、煽动实施恐怖袭击、煽动破坏社会秩序内容的音视频、图片等。

（2）发放含有恐怖主义思想、鼓吹通过暴力解决问题等内容的传单、小册子等。

（3）宣扬恐怖主义的网络言论、公开言论等。

以上都是宣传恐怖主义的行为，触犯了我国法律。我们要提高警觉，不给恐怖组织蛊惑我们的机会。我们要知道恐怖主义严重威胁人们的生命财产安全，是全人类的公敌，没有哪个人能独善其身。建立防范恐怖袭击的铜墙铁壁，离不开每一位公民的支持和参与。我们有义务了解国家法律规定，并积极配合、参与反恐工作，共同维护好我们的美好家园。

《反恐怖主义法》第一章第九条规定：

任何单位和个人都有协助、配合有关部门开展反恐怖主义工作的义务，发现恐怖活动嫌疑或者恐怖活动嫌疑人员的，应当及时向公安机关或者有关部门报告。

那么，发现恐怖主义宣传后，公民和组织都有哪些义务呢？

（1）如果发现恐怖主义宣传或者有实施恐怖活动的嫌疑人员，要及时向公安机关或相关机构、部门报告。

（2）如果发现有人在散发宣扬

恐怖主义的资料、信息和物品等，要立刻向公安机关报告。

（3）在公安机关调查恐怖活动的时候，知情人士有义务向公安机关或工作人员提供情报。公民也有权搜集相关信息和材料，并向相关单位如实提供。

（4）切记，不得编造、传播虚假的恐怖信息。

目前，恐怖主义已经形成了国际化、打击目标化、手段多样化的特点，这也严重危害着各国民众的人身安全与财产安全。因此，公民在遇到恐怖主义宣传时，一定要坚决向公安机关举报。

第四节 主动参与反恐行动

反恐行动不只是国家和反恐机构的事，还与每个公民切身相关。所以，每个人都要主动参与到反恐行动中来。

国家反恐办一直强调公民要主动参与到反恐行动中来。为了落实这一目标，国家反恐办还专门向公众免费发放了《公民防范恐怖袭击手册》，力求让群众进一步识别恐怖主义，并对恐怖分子进行有效防范。毕竟只有保护好自己的安全，才能更主动地参与到反恐斗争中来。

反恐行动需要长期坚持。而且，要想打好反恐这场仗，就一定要依靠广大人民群众的广泛参与和支持。因为只有这样，才能真正对恐怖活动形成围剿之势，最大限度地将恐怖活动摧毁在萌芽状态。

恐怖主义严重威胁人民群众的人身安全与财产安全，也严重挑战现有的社会秩序与人类文明。在恐怖主义的威胁下，没人能真正做到置身事外。所以，每位公民都要积极主动地参与到反恐行动中，配合反恐机构进行反恐宣传与演习，融入专群结合、全民参与的全社会反恐、防恐常态化工作机制。只有调动起广大群众的积极性，才能打赢反恐斗争。

《反恐怖主义法》第一章第十条规定：

对举报恐怖活动或者协助防范、制止恐怖活动有突出贡献的单位和个人，以及在反恐怖主义工作中作出其他突出贡献的单位和个人，按照国家有关规定给予表彰、奖励。

《反恐怖主义法》第三章第十七条规定：

各级人民政府和有关部门应当组织开展反恐怖主义宣传教育，提高公民的反恐怖主义意识。

教育、人力资源行政主管部门和学校、有关职业培训机构应当将恐怖活动预防、应急知识纳入教育、教学、培训的内容。

新闻、广播、电视、文化、宗教、互联网等有关单位，应当有针对性地面向社会进行反恐怖主义宣传教育。

村民委员会、居民委员会应当协助人民政府以及有关部门，加强反恐怖主义宣传教育。

这意味着，在我国，不管是组织、机构，还是公民，都有责任和义务主动参与反恐行动。

反恐机构可以通过举办反恐活动来提高公民的反恐积极性，也可以通过现场讲解的方式，向人民群众普及反恐的常识。作为公民，要认真学习反恐常识与法律知识，主动参与反恐机构举办的活动。

第五节　遇到恐怖袭击时，要会保护自己

当我们遇到恐怖袭击时，一定要冷静。因为人在慌乱的情况下，很难做出正确的决定。只有沉着冷静，才能在恐怖袭击发生时快速反应，采取正确、及时的避险措施，保护自己的生命安全。

恐怖分子发动袭击的方式多种多样，但是，绝大部分恐怖袭击都发生在人员密集、难以疏散的地方。比如，大型商厦、地铁站、公交站、火车站、机场等地。恐怖袭击的手段也很多，比如，制造爆炸、纵火、随意砍杀平民等。

那么，在恐怖袭击发生时，我们应该如何自我保护呢？

1. 被恐怖分子挟持后的正确做法

（1）保持沉着冷静，不要反抗恐怖分子，要相信政府。

（2）不要跟恐怖分子对视、对话，缓缓趴在地上。

（3）及时将手机调为静音，尽可能保留和隐藏自

己的通信工具，在适当的时候，用短信形式向警方求救。短信内容应为：自己当前所在位置，人质人数，恐怖分子人数等。

（4）悄悄观察恐怖分子的人数及头领，便于事后提供证言。

（5）在警方发起突击的瞬间，尽可能地趴在地上，并在警方的掩护下迅速离开现场。

2. 地铁内发生爆炸恐怖袭击后的正确做法

（1）立刻按下列车报警按钮，让司机能在监视器上看到报警信号。

（2）寻找列车内的消防器材进行灭火。

（3）如果列车正在行驶，那么一定不要有拉门、砸窗、跳车等危险行为。

（4）如果已经下车或在隧道内等候疏散，则不要拥挤，不要惊慌，要听从指挥，按照顺序撤离。

（5）寻找一些简易的防护物，如衣服、纸巾等来捂住口鼻，采用低姿势撤离。

（6）当视线不清时，要用手摸着墙壁撤离。

（7）当爆炸引发火灾后，不要盲目跟随人流乱冲，要向着明亮处，迎着新鲜空气跑。

（8）身上着火时不要惊慌奔跑，立刻就地打滚灭火。当看到周围人的身上着火时，则使用厚重衣物，帮助对方将火压灭。

（9）注意观察现场的可疑人员或可疑物品，及时协助警方调查。

（10）平时乘坐地铁时，要留心地铁的消防设施和安全装置的摆放地点。

3. 遇到化学恐怖袭击后的正确做法

（1）化学恐怖袭击多利用空气传播，让人中毒。所以，在闻到异常气味或看到异常烟雾时不要惊慌，要立刻利用周围设施及随身携带的物品遮挡身体和口鼻，尽量减少毒物的吸入。

（2）尽快寻找出口，尽量逆风撤离被污染的区域。

（3）及时拨打 110、119、120，请求救助。

（4）必要时，可采取催吐等方法，加速毒物的排出。

（5）听从相关人员的指挥，并配合相关人员做好后续工作。

4. 遇到纵火恐怖袭击后的正确做法

（1）切忌惊慌失措，不要盲目逃跑、跳楼，不要乘坐电梯，不要贪恋财物。

（2）切忌盲目呼喊，否则会吸入大量烟雾及有毒气体，造成窒息死亡。可用湿毛巾捂住口鼻，匍匐逃离。

（3）如果在充满烟雾的室内，可以打开门窗排放烟雾；如果室内烟雾不算太多，则不要轻易打开门窗，以免烟雾涌入，无法藏身。

第七章

网络反恐，打好这场没有硝烟的战争

第一节 新形势下，恐怖信息传播的变化

新媒体为人们的生活带来了便利，也让恐怖信息的传播发生了变化。恐怖信息变成了网络中的“病毒”，顺着一根根网线，侵入一台又一台电脑中。

在当今时代，谈及恐怖主义时，很多人会想到网络恐怖主义。近年来，随着移动互联网的发展，网络已经成为恐怖组织策划、煽动、实施恐怖活动的重要渠道。大量与恐怖主义相关的音视频资料、文字资料在网络上流传，对世界各国遏制、打击恐怖主义造成了极大的困扰。

过去，恐怖组织要传播恐怖主义信息，需要让恐怖分子去分发宣传手册或是组织相关培训面对面传播。现在，恐怖组织搭上了互联网这趟“特快列车”，变革了恐怖信息的传播方式。

“9 · 11 事件”后，一批恐怖分子就开始向互联网阵地转移。他们隐藏在互联网屏幕之后，利用网络技术

传播恐怖主义信息、管理恐怖组织成员、策划恐怖主义活动。2014 年，我国发生的几次暴力恐怖袭击事件，就与恐怖分子利用互联网传播恐怖主义信息有关。

2014 年 6 月 24 日，国家互联网信息办公室发布了《恐怖主义的网上推手——“东伊运”恐怖音视频》电视专题片。该专题片指出了恐怖主义音视频与暴力恐怖袭击之间的关系，揭露了“东伊运”恐怖组织在网络上传播暴恐音视频，并通过网络组织、煽动境内恐怖活动的恶劣行径。

据专题片介绍，有几起暴力恐怖袭击案件的涉案人员，无一例外都观看、收听过宣扬、煽动暴力恐怖活动的音视频。2013 年，“东伊运”恐怖组织加大了通过互联网传播暴恐音视频的力度，而那年也正是我国境内暴恐袭击事件数量激增的一年。在这之后，我国政府加大了对互联网上暴恐内容的治理力度，有

效遏制了暴恐音视频等的传播。

近年来，我国未发生暴力恐怖袭击事件，这得益于政府对互联网平台上的暴恐音视频及其他信息的严格监督和管理。在国家的严厉整治下，我国的互联网企业也担负起了网络反恐的职责，各地区也出台了严禁传播网络暴恐音视频等的公告。可以说，当前我国在互联网平台上的暴恐信息已经大大减少，我国已经构筑起了网络反恐防线。

但值得注意的是，暴恐音视频等在互联网上的传播，不只是我国要重视的问题，也是所有国家都要关注的问题。一些恐怖主义分子发现在国内互联网平台上无法生存，便转移到境外，钻国际互联网监管的漏洞，将暴恐音视频等传播到境外的一些知名网站和视频平台上。从这一点来看，暴恐信息的网络传播模式并没有完全被遏制，一旦找准机会，它们便会“卷土重来”。

当前我国以及世界其他国家在网络安全方面，所面对的恐怖主义威胁，还是比较严重的。因此这需要每个国家都足够重视，并携手共同解决这一问题。

第二节　恐怖主义威胁网络安全

网络恐怖主义的出现，助长了恐怖主义、极端主义势力的发展，也助推了恐怖主义思想的蔓延，并对世界各国的网络安全造成了严重威胁。

2014年，第六十八届联合国大会对《联合国全球反恐战略》进行了第四次评审，并根据中国提出的修改意见，将打击网络恐怖主义的内容首次写进了全球反恐战略的框架之中。

对于恐怖分子来说，互联网是他们发动宣传战和心理战的理想平台。他们可以在这一平台上制作、宣传各种恐怖主义、极端主义内容，并且利用一定的技术手段，逃脱各国网络监管部门的监管。以“基地”组织为例，该组织已建立起一个遍及全球的多层宣传网络，从音视频等内容的制作到传播，都有严格程序管控。

恐怖分子除了利用互联网来宣传恐怖主义、极端主义信息，还交流、传授制造暴恐活动的方法。比如，在一些涉恐网站上，一些恐怖分子公然讨论并讲述绑架和杀害人质的技巧，并公然传播沙林毒气、汽车炸弹以及其他爆炸物的使用方法。

互联互通的网络为恐怖分子提供了获取信息与资源的平台，也为恐怖组织窃取各国政府信息提供了便利。比如，在阿富汗发现的“基地”组织的电脑中，就存有美国一些通信、电力、水利分布网的相关信息，以及一些水坝的详细结构图。这些内容都是恐怖组织通过互联网搜集、窃取而来的。

在“9·11事件”发生之前，美国科学家联合会和疾病防控中心等官方机构的网站上，经常会披露一些

美国核武清单、间谍卫星的档案资料，这为恐怖组织获取相关信息、开展恐怖活动提供了可乘之机。“9·11事件”后，美国等多国都纷纷加强了对这些档案资料的保管力度。但一些能够使用网络黑客技术的恐怖组织，依然能够轻松地获取这些信息资料。

研究发现，国外的一些社交媒体平台，因为缺乏有效监管，在很长一段时间里，成为恐怖组织舆论宣传的橱窗。通过社交媒体，恐怖组织可以直接“联系”到社会大众，并对他们展开密集的“网络轰炸”。一些涉世未深的西方年轻人受这些暴恐信息的影响，成为恐怖组织活动的参与者。

互联网在为世界各国带来发展契机的同时，也为恐怖组织提供了信息传播的绝佳渠道，这使得各国的网络安全受到恐怖主义的严重威胁。为了应对这种威胁，世界各国要携手并肩共同打击网络恐怖主义。只有这样，才能维护网络的安全，确保世界的和平。

第三节 网络恐怖主义的传播方式

网络恐怖主义出现后，一些恐怖组织纷纷将战场转向了互联网平台。恐怖分子利用各种手段宣传、扩散、渲染恐怖主义、极端主义，给国际社会的反恐工作带来严峻挑战。

自人类跨入互联网时代起，恐怖主义便如影随形，也侵入了互联网世界。如今，互联网等信息技术已成为恐怖主义势力开展活动的核心工具。越来越多的恐怖组织利用互联网传播恐怖主义思想、招募恐怖活动人员、散布恐怖信息、策划恐怖活动等，对世界的安全与稳定造成了严重威胁。

一些恐怖组织经常使用以下几种传播方式宣传恐怖主义思想、策划恐怖组织活动。

1. 文字资料

在网站上登载各种涉及暴力恐怖活动的文字资料，是恐怖组织进行网络传播的主要方式。这些文字资料有的是零散的语句，有的是完整的文章，有的是精心设计的电子杂志。比如，恐怖组织“伊斯兰国”便拥有自己的电子杂志。其在杂志中不仅介绍了该组织的理论体系、战略意图，还介绍了一些开展过的恐怖组织活动。

2. 网络图片

相比于文字资料，涉及暴力恐怖活动的网络图片更具冲击力，更能博人眼球。一些恐怖组织便将散发网络暴恐图片，作为自己传播恐怖主义信息的主要方法。恐怖分子通过电子邮箱将各类暴恐图片传播给大众，吸引其关注，并一步步将更多恐怖主义、极端主义信息传递出去。

3. 音视频内容

音视频内容是恐怖组织进行自我宣传的最常用方式。很多恐怖组织都有一套针对特定群体的网络宣传手段，比如，“伊斯兰国”便将各种社交网站作为宣传平台，散发音视频内容宣传其政治主张、传播极端思想和招募人员等。在推特、脸书等西方社交网站上，经常会出现恐怖组织发布的音视频内容。

视频类网站也是恐怖组织散发暴恐音视频内容的主要渠道。那些残忍血腥的暴恐音视频对观看者造成了极大的心理创伤，为全球反恐工作带来了负面影响。一些恐怖组织为了美化自己，还在音视频内容中颠倒黑白，虚构其组织生活，哄骗涉世未深的年轻人加入。

4. 暴恐游戏

传播涉及暴恐活动的游戏是一种新兴的恐怖主义网络传播方式，一些恐怖组织对这一传播方式情有独钟。利用网络游戏的不实名（实名制未推行前）特征，一些恐怖分子在游戏中招募暴恐活动人员、分享暴恐活动信息，以逃避政府部门的监管，增加政府部门的追查难度。

面对网络恐怖主义的各种传播方式，国际社会需要加强合作，加大对互联网平台的治理及监管工作，不能让互联网成为暴恐分子的法外之地。

第四节 网络恐怖主义犯罪的特征

网络恐怖主义犯罪是指恐怖组织或个人有预谋地通过网络实施或以网络为攻击目标，以破坏目标所属国的政治稳定、经济安全，扰乱社会秩序，制造社会恐慌为目的的各种恐怖主义犯罪行为。

相比于传统的恐怖主义犯罪，网络恐怖主义犯罪不受物理空间的限制，这让恐怖分子得以更为便捷地策划、操控暴力恐怖活动。可以说，网络恐怖主义犯罪的出现，既加速了恐怖主义的发展，也促进了恐怖主义思想的传播与渗透，其影响力和破坏力都远超传统的恐怖主义犯罪。

虽然在影响力和破坏力上都超过了传统的恐怖主义犯罪，但从本质上来说，网络恐怖主义犯罪依然属于恐怖主义犯罪的范畴。对这种犯罪行为的认定也与对传统恐怖主义犯罪的认定基本相同。

网络恐怖主义犯罪作为一种新型恐怖主义犯罪，主要具有跨国性、灵活性和隐蔽性三方面特征。

1. 跨国性

由于依托于互联网，网络恐怖主义犯罪淡化了国家间的界限，无论是宣传恐怖主义信息，还是策划恐怖主义活动，都具有明显的跨国性特征。一些恐怖组织为了逃避各国政府的监管，更是通过这种特征，跨国发动了一系列规模不等的网络恐怖袭击活动。

2. 灵活性

互联网为恐怖组织提供了非常便捷的信息传播渠道和联络渠道，让恐怖分子可以更加灵活地开展各项恐怖

活动。恐怖组织通过网络发布命令，使得分散在世界各地的恐怖组织成员可以随时集结，并根据命令开展各类恐怖主义犯罪活动。这种灵活性让恐怖组织的结构变得更加松散，对国际社会打击恐怖组织犯罪造成了较大的困扰。

3. 隐蔽性

网络恐怖主义犯罪的整个过程都具有隐蔽性，这与其跨国性、灵活性的特征息息相关。恐怖组织通过互联网操控世界各地的恐怖分子开展恐怖主义犯罪活动，由于不具有普通犯罪的当场性特征，所以很难发现实施犯罪的“幕后黑手”。

这些特征为国际社会打击网络恐怖主义犯罪带来了巨大的挑战。为了更好地打击网络恐怖主义犯罪，许多国家都选择用刑事立法来防治这种犯罪行为。

我国《刑法》所规定的针对恐怖主义犯罪的各种罪名，完全适用于网络恐怖主义犯罪；在具体处罚上，网络恐怖主义犯罪也与恐怖主义犯罪基本相同。

第五节 做好网络反恐的宣传

针对网络恐怖主义，国家在严厉打击网络恐怖主义的同时，应充分利用网络渠道，加强反恐工作的宣传，在互联网中占领舆论高地。

受周边及国际环境的影响，很多境外恐怖组织利用互联网传播恐怖主义思想，严重威胁着我国的国家安全。

与网络恐怖主义的斗争，说到底就是对网民人心的争夺，恐怖组织可以依靠互联网来宣传恐怖主义、极端主义思想，国家和政府也可以通过互联网宣传反恐怖主义、反极端主义思想。国家和政府只有有针对性地加强网络反恐宣传，抢占网络反恐的舆论高地，才能有力地打击网络恐怖主义，并获得网民对反恐工作的理解与支持。

近年来，我国通过对互联网行业的监管，加大了对网络恐怖主义的打击力度，在一定程度上遏制了网络恐怖主义在国内的发展和蔓延。

与此同时，我国还从多方面着手，有针对性地进行网络反恐宣传，这种正向的宣传取得了一定成效。

根据《反恐怖主义法》第十七条的规定，我国许多地区都开展了网络安全宣传及反恐防控宣传主题活动。在这些活动中，民警走入居民社区，通过摆放反恐宣传展板、发放反恐宣传手册、接受民众咨询等方式，引导民众识别和了解网络恐怖主义的危害和手段，教导民众掌握应对网络恐怖主义的方法。

除了线下宣传，一些地区还利用广播、电视、报纸、网络等媒介，广泛宣传反网络恐怖主义知识，以正向的

舆论宣传向网络恐怖主义“宣战”。微信、抖音、快手等新媒体平台也被运用到反网络恐怖主义宣传的工作中，并取得了比较好的宣传效果。

通过有针对性地开展宣传活动，我国境内的网络恐怖主义犯罪正在逐年减少，但依然有一些境外的恐怖组织在对我国进行各种网络宣传及渗透工作。因此，有关部门在面对网络恐怖主义犯罪时仍然不能掉以轻心。

第八章

依法严惩，对恐怖主义要“斩草除根”

第一节 组织、领导、参加恐怖组织罪的认定与处罚

组织、领导、参加恐怖组织罪是指组织、领导、积极参加和参加恐怖组织活动的行为，是一种危害公共安全的严重刑事犯罪。

关于组织、领导、参加恐怖组织罪的认定及处罚，《刑法》第一百二十条作出了明确规定：

组织、领导恐怖活动组织的，处十年以上有期徒刑或者无期徒刑，并处没收财产；积极参加的，处三年以上十年以下有期徒刑，并处罚金；其他参加的，处三年以下有期徒刑、拘役、管制或者剥夺政治权利，可以并处罚金。

犯前款罪并实施杀人、爆炸、绑架等犯罪的，依照数罪并罚的规定处罚。

这是一项选择性罪名，即只要行为人出现组织、领导、参加恐怖组织这三种行为之一，便构成了此罪。但在这里有一个较为特殊的情况，那就是对于参加恐怖组织罪的认定，需要以行为人的主观意图来进行判断。当行为人明知道是恐怖组织活动，却还自愿、积极地参加，那便是明显的犯罪行为；如果行为人是被骗参加了恐怖组织，在获知真相后，又及时与恐怖组织脱离了关系，那在司法实践中，通常不会认定其构成参加恐怖组织罪；还有一种情况就是行为人被骗参加了恐怖组织，但得知真相后仍然继续留在组织中，这种会被认定为参加恐怖组织罪。

2018年3月16日，最高人民法院、最高人民检察院、公安部、司法部联合发布的《关于办理恐怖活动和极端主义犯罪案件适用法律若干问题的意见》（以下简称《意见》）指出，依照《刑法》第一百二十条的规定，以下几种情形会被认定为组织、领导恐怖组织罪：

1.发起、建立恐怖活动组织的；

2.恐怖活动组织成立后，对组织及其日常运行负责决策、指挥、管理的；

3. 恐怖活动组织成立后，组织、策划、指挥该组织成员进行恐怖活动的；

4. 其他组织、领导恐怖活动组织的情形。

《意见》指出，依照《刑法》第一百二十条的规定，以下几种情形会被认定为参加恐怖组织罪：

1. 纠集他人共同参加恐怖活动组织的；

2. 多次参加恐怖活动组织的；

3. 曾因参加恐怖活动组织、实施恐怖活动被追究刑事责任或者二年内受过行政处罚，又参加恐怖活动组织的；

4. 在恐怖活动组织中实施恐怖活动且作用突出的；

5. 在恐怖活动组织中积极协助组织、领导者实施组织、领导行为的；

6. 其他积极参加恐怖活动组织的情形。

在认定参加恐怖组织罪时，一些不在上述情形之列，但符合《刑法》第一百二十条规定的“其他参加”情形的，也会被认定为参加恐怖组织罪。

在具体的处罚上，如前面提到的《刑法》第一百二十条规定，根据不同的犯罪行为，会给行为人相应的处罚。需要注意的是，在触犯组织、领导、参加恐怖组织罪的同时，又实施了杀人、爆炸、绑架等犯罪的，会依照数罪并罚的相关规定进行处罚。

第二节　帮助恐怖活动罪的认定与处罚

帮助恐怖活动罪属于危害公共安全罪，是一种严重的刑事犯罪，其侵犯的是公共安全，即不特定多数人的生命、健康和财产安全。

关于帮助恐怖活动罪的认定与处罚，《刑法》第一百二十条之一明确规定：

资助恐怖活动组织、实施恐怖活动的个人的，或者资助恐怖活动培训的，处五年以下有期徒刑、拘役、管制或者剥夺政治权利，并处罚金；情节严重的，处五年以上有期徒刑，并处罚金或者没收财产。

为恐怖活动组织、实施恐怖活动或者恐怖活动培训招募、运送人员的，依照前款的规定处罚。

单位犯前两款罪的，对单位判处罚金，并对其直接负责的主管人员和其他直接责任人员，依照第一款的规定处罚。

在认定帮助恐怖活动罪时，要搞清楚资助恐怖活动应满足的两个条件：行为人所提供的资金、物资以及所帮助的对象，必须是实施恐怖活动的组织或是实施恐怖活动的个人；行为人必须有自愿无偿提供资金、物资、其他帮助和为其提供筹集资金、物资的客观行为。

在第一个认定条件中，行为人资助的必须是实施恐怖活动的组织或人员，资助黑社会性质组织成员从事违法犯罪活动虽然违法，但并不构成本罪；在第二个认定条件中，行为人在主观上必须是故意的，也就是他明知道自己的行为是在帮助恐怖分子实施恐怖活动，并会对不特定的人和物造成危害，还积极参与，并且希望恐怖活动发生。

满足以上两个认定条件，并且行为人已经年满十六

周岁，具有刑事责任能力，便会被认定为犯有此罪。

《意见》指出，在具体的认定上，依照《刑法》第一百二十条之一的规定，具有以下情形的，将会被认定为帮助恐怖活动罪：

1. 以募捐、变卖房产、转移资金等方式为恐怖活动组织、实施恐怖活动的个人、恐怖活动培训筹集、提供经费，或者提供器材、设备、交通工具、武器装备等物资，或者提供其他物质便利的；

2. 以宣传、招收、介绍、输送等方式为恐怖活动组织、实施恐怖活动、恐怖活动培训招募人员的；

3. 以帮助非法出入境，或者为非法出入境提供中介服务、中转运送、停留住宿、伪造身份证明材料等便利，或者充当向导、帮助探查偷越国（边）境路线等方式，为恐怖活动组织、实施恐怖活动、恐怖活动培训运送人员的；

4. 其他资助恐怖活动组织、实施恐怖活动的个人、恐怖活动培训，或者为恐怖活动组织、实施恐怖活动、恐怖活动培训招募运送人员的情形。

在具体处罚上，帮助恐怖活动罪主要以情节是否严重进行量刑处罚。情节严重的，处五年以上有期徒刑，并处罚金或没收财产；情节不严重的，则处五年以下有期徒刑、拘役、管制或剥夺政治权利，并处罚金。

第三节 准备实施恐怖活动罪的认定与处罚

准备实施恐怖活动罪是指为实施恐怖活动而进行的准备物品或工具、组织培训或参与培训、制定策略或进行联络的犯罪行为。

关于准备实施恐怖活动罪的认定与处罚，《刑法》第一百二十条之二明确规定：

有下列情形之一的，处五年以下有期徒刑、拘役、管制或者剥夺政治权利，并处罚金；情节严重的，处五年以上有期徒刑，并处罚金或者没收财产：

（一）为实施恐怖活动准备凶器、危险物品或者其他工具的；

（二）组织恐怖活动培训或者积极参加恐怖活动培训的；

（三）为实施恐怖活动与境外恐怖活动组织或者人员联络的；

（四）为实施恐怖活动进行策划或者其他准备的。

有前款行为，同时构成其他犯罪的，依照处罚较重的规定定罪处罚。

实施恐怖活动是一种极其恶劣的犯罪行为，会对社会造成极大危害。我国对这种行为仍处于准备阶段时就会定罪处罚，最大限度地遏制这种违法犯罪行为的发生，保护人民的生命和财产安全。

本罪的主体是年满十六周岁且具有刑事责任能力的自然人，行为人明知道自己在为实施恐怖活动做准备而仍然继续开展活动，并希望这种恐怖活动发生的，将会被认定为本罪。具体来说，本罪在认定时，需要满足上面法律条款中提到的四个客观条件。

首先，为实施恐怖活动准备凶器、危险物品或其他工具的。这里的“准备”包括制造、购买、储存、运输等具体行为，“危险物品”则是那些易燃易爆物品和具有腐蚀性、放射性、传染性和毒害性的物品。

其次，组织恐怖活动培训或积极参加这种培训的。这里的“组织”包括当面授课、开办培训班、组建训练营、建论坛、传播音频视频等具体行为，其中使用微博、网盘、微信等网络媒介组织恐怖活动培训的，也属于此种客观条件。

再次，为实施恐怖活动与境外恐怖活动组织或人员联络的。这里的“联络”包括拨打电话、发送短信、传邮件等具体方式，也包括通过各种网络媒介、平台与境外恐怖分子取得联系的行为。

最后，为实施恐怖活动做策划或其他准备的。这里的“策划”主要是对实施恐怖活动提供智力支持；“其他准备”则主要指组织、煽动、拉拢他人为实施恐怖活动出入境的行为。

由于本罪是行为犯，只要行为人的具体行为满足了上面提到的这些条件中的一个，即使危害结果没有发生，也会构成本罪。在具体处罚上，有上述条款中的具体行为，而又构成其他犯罪的，以处罚较重的规定定罪处罚。

第四节　宣扬恐怖主义、极端主义、煽动实施恐怖活动罪的认定与处罚

宣扬恐怖主义、极端主义、煽动实施恐怖活动罪，是指以制作、散发宣扬恐怖主义、极端主义的图书、音频视频资料或者其他物品，或者通过讲授、发布信息等方式宣扬恐怖主义、极端主义的，或者煽动实施恐怖活动的行为。

关于宣扬恐怖主义、极端主义、煽动实施恐怖活动罪的认定与处罚，《刑法》第一百二十条之三明确规定：

以制作、散发宣扬恐怖主义、极端主义的图书、音频视频资料或者其他物品，或者通过讲授、发布信息等方式宣扬恐怖主义、极端主义的，或者煽动实施恐怖活动的，处五年以下有期徒刑、拘役、管制或者剥夺政治权利，并处罚金；情节严重的，处五年以上有期徒刑，并处罚金或者没收财产。

《意见》指出，实施下列行为之一，宣扬恐怖主义、极端主义或者煽动实施恐怖活动的，依照《刑法》第

一百二十条之三的规定，以宣扬恐怖主义、极端主义、煽动实施恐怖活动罪定罪处罚：

1.编写、出版、印刷、复制、发行、散发、播放载有宣扬恐怖主义、极端主义内容的图书、报刊、文稿、图片或者音频视频资料的；

2.设计、生产、制作、销售、租赁、运输、托运、寄递、散发、展示带有宣扬恐怖主义、极端主义内容的标识、标志、服饰、旗帜、徽章、器物、纪念品等物品的；

3. 利用网站、网页、论坛、博客、微博客、网盘、即时通信、通讯群组、聊天室等网络平台、网络应用服务等登载、张贴、复制、发送、播放、演示载有恐怖主义、极端主义内容的图书、报刊、文稿、图片或者音频视频资料的；

4. 网站、网页、论坛、博客、微博客、网盘、即时通信、通讯群组、聊天室等网络平台、网络应用服务的建立、开办、经营、管理者，明知他人利用网络平台、网络应用服务散布、宣扬恐怖主义、极端主义内容，经相关行政主管部门处罚后仍允许或者放任他人发布的；

5. 利用教经、讲经、解经、学经、婚礼、葬礼、纪念、聚会和文体活动等宣扬恐怖主义、极端主义、煽动实施恐怖活动的；

6. 其他宣扬恐怖主义、极端主义、煽动实施恐怖活动的行为。

本罪的主体是年满十六周岁具有刑事责任能力的自然人，行为人明知道自己的行为是在宣扬恐怖主义、极端主义、煽动实施恐怖活动，危害到了不特定人和物的安全，并且希望这种结果发生，便会构成本罪。

本罪与准备实施恐怖活动罪一样，属于行为犯，行为人的具体行为满足了上面提到的这些条件中的一个，便会构成本罪。在具体处罚上，构成本罪的行为人将被处五年以下有期徒刑、拘役、管制或者剥夺政治权利，并处罚金；情节严重的，处五年以上有期徒刑，并处罚金或者没收财产。

第五节　利用极端主义破坏法律实施罪的认定与处罚

利用极端主义破坏法律实施罪，是指利用极端主义煽动、胁迫群众破坏国家法律确立的婚姻、司法、教育、社会管理等制度实施的行为。

关于利用极端主义破坏法律实施罪的认定与处罚，《刑法》第一百二十条之四明确规定：

利用极端主义煽动、胁迫群众破坏国家法律确立的婚姻、司法、教育、社会管理等制度实施的，处三年以下有期徒刑、拘役或者管制，并处罚金；情节严重的，处三年以上七年以下有期徒刑，并处罚金；情节特别严重的，处七年以上有期徒刑，并处罚金或者没收财产。

《意见》指出，利用极端主义，实施下列行为之一的，依照《刑法》第一百二十条之四的规定，以利用极端主义破坏法律实施罪定罪处罚：

1.煽动、胁迫群众以宗教仪式取代结婚、离婚登记，或者干涉婚姻自由的；

2. 煽动、胁迫群众破坏国家法律确立的司法制度实施的；

3. 煽动、胁迫群众干涉未成年人接受义务教育，或者破坏学校教育制度、国家教育考试制度等国家法律规定的教育制度的；

4. 煽动、胁迫群众抵制人民政府依法管理，或者阻碍国家机关工作人员依法执行职务的；

5. 煽动、胁迫群众损毁居民身份证、居民户口簿等国家法定证件以及人民币的；

6. 煽动、胁迫群众驱赶其他民族、有其他信仰的人员离开居住地，或者干涉他人生活和生产经营的；

7. 其他煽动、胁迫群众破坏国家法律制度实施的行为。

本罪是 2015 年 8 月 29 日发布的《中华人民共和国刑法修正案（九）》第七条新增的罪名，主体为年满十六周岁具有刑事责任能力的自然人。行为人出于主观故意，利用极端主义煽动、胁迫群众破坏国家法律制度实施的，将构成本罪。

第六节 强制穿戴宣扬恐怖主义、极端主义服饰、标志罪的认定与处罚

强制穿戴宣扬恐怖主义、极端主义服饰、标志罪，是指以暴力、胁迫等方式强制他人在公共场所穿着、佩戴宣扬恐怖主义、极端主义服饰、标志的行为。

关于强制穿戴宣扬恐怖主义、极端主义服饰、标志罪的认定与处罚，《刑法》第一百二十条之五明确规定：

以暴力、胁迫等方式强制他人在公共场所穿着、佩戴宣扬恐怖主义、极端主义服饰、标志的，处三年以下有期徒刑、拘役或者管制，并处罚金。

本罪的主体是年满十六周岁具有刑事责任能力的自然人，行为人出于主观故意，强制、胁迫他人在公共场所穿着、佩戴宣扬恐怖主义、极端主义服饰、标志，并希望其结果发生，将会被认定为本罪。

《意见》指出，具有下列情形之一的，依照《刑法》第一百二十条之五的规定，以强制穿戴宣扬恐怖主义、

极端主义服饰、标志罪定罪处罚：

1. 以暴力、胁迫等方式强制他人在公共场所穿着、佩戴宣扬恐怖主义、极端主义服饰的；

2. 以暴力、胁迫等方式强制他人在公共场所穿着、佩戴含有恐怖主义、极端主义的文字、符号、图形、口号、徽章的服饰、标志的；

3. 其他强制他人穿戴宣扬恐怖主义、极端主义服饰、标志的情形。

这里的“暴力”主要是指殴打、捆绑、烧伤等直接伤害他人的行为；“胁迫”是指对被害人实施威胁、恐

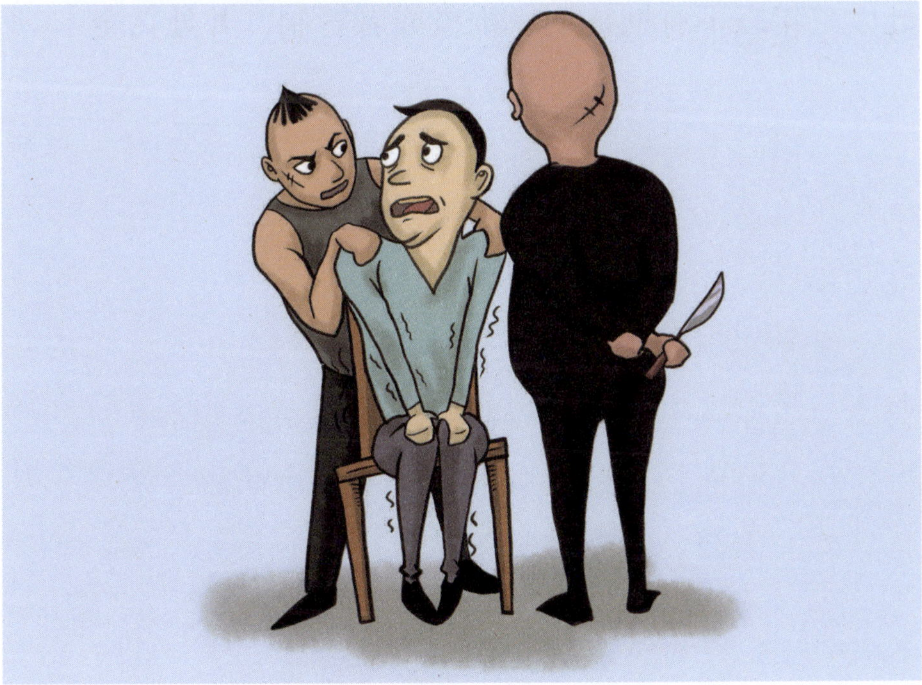

吓等精神控制的行为，比如威胁要杀害被害人，伤害被害人的亲属，或者是要揭露被害人的隐私等行为。除了这些具体的暴力和胁迫手段，行为人采取强制控制被害人肉体和精神的方法，强制被害人在公共场所穿着、佩戴宣扬恐怖主义、极端主义服饰、标志，也会被认定为构成本罪。

本罪中提到的“恐怖主义、极端主义服饰、标志”是指包含了恐怖主义、极端主义的符号、徽记、口号、标语、图案、文字等内容的服饰和标志。

在具体处罚上，本罪规定，对已构成本罪的行为人处以三年以下有期徒刑、拘役或者管制，并处罚金。

第七节 非法持有宣扬恐怖主义、极端主义物品罪的认定与处罚

非法持有宣扬恐怖主义、极端主义物品罪，是指明知是宣扬恐怖主义、极端主义的图书、音频视频资料或者其他物品而非法持有，情节严重的行为。

关于非法持有宣扬恐怖主义、极端主义物品罪的认定与处罚，《刑法》第一百二十条之六明确规定：

明知是宣扬恐怖主义、极端主义的图书、音频视频资料或者其他物品而非法持有，情节严重的，处三年以下有期徒刑、拘役或者管制，并处或者单处罚金。

本罪的主体为一般主体，即年满十六周岁具有刑事责任能力的自然人。行为人出于主观故意，在明知是宣扬恐怖主义、极端主义的图书、音频视频资料或其他物品时，仍非法持有，且情节严重，便会被认定为构成本罪。

《意见》指出，这里的“明知”，是指知道或应当

知道。在判断认定时，应该根据案件具体情况，以行为人实施的客观行为为基础，结合其具体行为、手段、程度、事后态度，以及行为人的年龄、受教育程度、认知程度和所从事的职业等多种因素综合审查判断。如果具有下列情形之一，且行为人无法做出合理解释的，可以认定行为人“明知”，但有证据证明确属被蒙骗的除外：

1. 曾因实施恐怖活动、极端主义违法犯罪被追究刑事责任，或者二年内受过行政处罚，或者被责令改正后又实施的；

2. 在执法人员检查时，有逃跑、丢弃携带物品或者逃避、抗拒检查等行为，在其携带、藏匿或者丢弃的物品中查获宣扬恐怖主义、极端主义的物品的；

3. 采用伪装、隐匿、暗语、手势、代号等隐蔽方式制作、散发、持有宣扬恐怖主义、极端主义的物品的；

4. 以虚假身份、地址或者其他虚假方式办理托运，寄递手续，在托运、寄递的物品中查获宣扬恐怖主义、极端主义的物品的；

5. 有其他证据足以证明行为人应当知道的情形。

《意见》指出，明知是载有宣扬恐怖主义、极端主义内容的图书、报刊、文稿、图片、音频视频资料、服饰、标志或者其他物品而非法持有，达到下列数量标准之一的，依照《刑法》第一百二十条之六的规定，以非法持有宣扬恐怖主义、极端主义物品罪定罪处罚：

1. 图书、刊物二十册以上，或者电子图书、刊物五册以上的；

2. 报纸一百份（张）以上，或者电子报纸二十份（张）以上的；

3. 文稿、图片一百篇（张）以上，或者电子文稿、图片二十篇（张）以上，或者电子文档五十万字符以上的；

4. 录音带、录像带等音像制品二十个以上，或者电子音频视频资料五个以上，或者电子音频视频资料二十分钟以上的；

5. 服饰、标志二十件以上的。

如果行为人所非法持有的宣扬恐怖主义、极端主义物品，尚未达到上述规定的数量标准，但具有多次持有，持有多类物品，并造成过严重后果或恶劣影响，也可以认定为本罪。如果行为人多次非法持有宣扬恐怖主义、极端主义的物品，未经处理的，数量将累计计算。若行为人非法持有宣扬恐怖主义、极端主义的物品，涉及不同种类或者形式的，可以依据上述条款规定的不同数量标准的相应比例折算后累计计算。

在具体处罚上，如果行为人触犯了《刑法》第一百二十条规定的犯罪，同时又构成了本罪，将会依照处罚较重的规定定罪处罚。